숲새울의 정원식물 243

글·사진 최가영 신계열

목수책방
木水冊房

추천의 글

아름다운 무언가를 생각하면, 어머니 지구 mother earth가 베푸는 자연을 떠올리게 됩니다. 내 인생 단 하나의 음식을 고르라면, 엄마의 손맛이 담긴 추억의 음식을 선택하곤 하지요. 여기 엄마의 손맛으로 그려 낸 정원 이야기가 있습니다. 바로 '마마님(엄마)'과 '수습이(딸)'의 책 《숲새울의 정원식물 243》입니다.

   이 책은 자연을 좋아하는 사람이면, 누구나 아름다운 정원을 만들 수 있다고 이야기합니다. 남양주를 찾아온 가족이 매일 그리고 매월 변화하는 식물을 보고 정성껏 가꾸어 가는 이야기의 기록은 한 권의 멋진 정원 책이 되었습니다. 직접 가꾼 공간에서 찍은 사진들이 전하는 이달의 정원식물은 투박하지만, 아름답습니다. 경험에서 전하는 진실한 이야기보다 더 아름답게 와닿는 이야기는 없으니까요. 다른 정원 책과 달리 《숲새울의 정원식물 243》만이 보여 주는 놀라운 매력입니다.

   정원은 지속 가능하게 관리되는 공간이기에 공간이 가지는 무한한 확장성과 힘이 있습니다. 숲새울정원의 1000여 가지 식물 중에 선택된 243종의 식물도 주변 환경에 따라, 계절에 따라, 높이에 따라, 색깔에 따라 새로운 느낌을 우리에게 전해 줍니다. 저자는 책이 다양한 정보는 주지만 정답을 주지는 않는다고 말합니다. 하지만 독자들은 책을 보며 숲, 새, 개울 소리가 조화를 이룬 공간의 힘을 느낄 수 있습니다. 아마도 엄마와 딸이 이 정원에서 오랜 시간 자연과 교감하며 쌓아 온 지혜와 경험이 주는 울림 때문일 것입니다.

   숲새울정원이 더욱 반가운 이유가 있습니다. 바로, 제가 근무하고 있는 국립수목원과 함께 남양주에 위치하고 있기 때문이지요. 눈에 보이지는 않지만, 우리 국립수목원과 숲새울정원은 더 큰 자연으로 연결되어 있습니다. 우리 광릉숲에서 처음 발견된 '광릉골무꽃'이 숲새울정원에 자연스레 스며들 수 있었던 이유도 하지요. 식물 스스로 아름다운 삶의 터전을 잘 선택하고 있는 것 같습니다.

   마마님은 20여 년간 숲새울정원을 가꾸며 계절의 변화 속에서 자연이 주는 놀라운 선물을 경험했습니다. 그 경험을 담아냈기에 이 책은 단순히 식물 배치나 정원 관리 방법을 알려 주는 것이 아니라, 자연과의 끊임없는 대화를 보여 주고 있습니다. 정원 가꾸기의 철학과 의미를 담아냈기에 숲새울정원은 이미 그 자체로 하나의 예술 작품입니다. 그렇기에 숲새울정원의 이야기는 정원과 자연을 사랑하는 모든 사람들에게 큰 영감을 줄 것입니다.

   이 책과 함께하는 누구나 자신만의 작은 정원을 꿈꾸고 가꾸고 싶어질 것입니다. 책장을 넘길 때마다 느껴지는 흙 내음과 꽃향기 그리고 사람 이야기를 여러분과 함께 나누고 싶습니다.

임영석(국립수목원 원장)

들어가는 글

자연이 원하는 대로, 나의 인생을 품은 숲새울정원

일흔 중반을 눈앞에 둔 늙은이가 된 내가 책을 써야겠다고 생각하게 된 계기가 있다. 부끄럽지만 20여 년 식물과 흙을 벗 삼아 살아온 나의 지난 흔적을 남기고 싶어서다. 마침 나의 든든한 후원자인 남편의 팔순도 코앞으로 다가왔다. 그동안 꽃꽂이, 서예, 서각, 도자기, 가드닝 등 여러 가지 취미를 섭렵할 때 남편은 가끔은 퉁명스러운 반응을 보여 주기도 했지만, 진심은 그렇지 않았다. 남편은 내가 하고 싶은 것을 모두 할 수 있게 도와주었다. 그렇게 믿고 응원해 준 사랑하는 남편에게 책을 선물하고 싶었다.

서울에 살 때도 정원이 있는 개인 주택에서 시부모님을 모시고 살았다. 나는 결혼 전에도 전원을 좋아했다. 결혼하고 아이들을 다 키운 후에는 시골에 작은 집을 마련해 좋아하는 식물을 가꾸며 살고 싶었다. 그러다 남편이 천식이 있어 좋은 공기를 마시며 잠시 쉬고 올 수 있는 시골집에 관심을 두게 되었다. 서울 집과 그리 멀지 않은 곳으로 여기저기 땅을 보러 다녔는데 선택이 쉽지 않았다. 그러던 중 우연히 남편 친구가 사는 남양주에 들렀다가 지금의 터전과 인연을 맺게 되었다. 이유야 어떻든 꿈이 이루어지는 순간이 온 것이다.

숲새울정원 자리를 얻기까지 우여곡절도 많았다. 지금 있는 곳은 이 동네에서만 세 번째로 구입한 땅이다. 첫 번째로 산 땅은 산자락 밑에 자리한 아늑한 땅으로, 옆에 맑은 물이 흐르는 조그만 물길도 있어 한눈에 마음에 들었던 곳이었다. 계약을 하고 잔금도 치르고 등기 이전까지 마쳤지만 뜻하지 않은 복병이 나타났다. 원주민의 땅이 진입로를 막고 있었던 것이다. 설레는 마음으로 기다렸던 나의 꿈은 물거품이 되었다. 다시 두 번째로 땅을 사고 등기 이전을 마친 후 먼저 산 땅에 들렀는데, 우리 땅을 소개한 분이 와서 "저기 좋은 땅이 나왔는데 사시겠어요?" 하는 것이었다. "아니, 우리는 땅만 사나요?"라며 웃었지만 그래도 보고 싶은 마음이 생겨 "그럼 한번 보여나 주세요" 하며 그분의 뒤를 따랐다.

작대기로 밀림 속 같은 숲을 헤치며 들어가다 보니 작은 계곡이 보였다. 순간 나는 마음속으로 '여기다!'를 외치며 남편을 졸랐다. 다행히도 남편은 나의 말을 또 들어주었다. 그리하여 세 번째로 만나게 된 지금의 터전을 나는 정말 사랑한다. 3남매의 막내인 아들이 입대하던 날, 자식이 국방의 의무를 무사히 마치고 돌아오기를 바라는 마음으로 눈물을 훔치며 돌아오던 그날, 건축용 자재와 관리인이 있는 숲새울 터에 들렀다. 훈련소에 아들을 두고 왔다는 사실은 잠시 머릿속에서 사라졌고 가슴이 콩닥거렸다. 그렇게 나의 전원생활이 시작되었다.

처음 생각은 서울 집과 숲새울을 오가며 살려 했는데, 집을 지으며 오가다 보니 당시 생활권과 그리 멀지 않아서 생각을 바꾸게 되었다. 2000년 4월, 아주 이사하기로 결심했다. 그때부터 숲새울에서 나의 본격적인 가드닝이 시작되었다. 이곳은 내가 원하는 크기의 집도 지을 수 없고, 땅이 있어도 식물을 마음대로 심을 수 없는 이중삼중의 규제 지역이다. 그래서 생각한 것이 자연 그대로의 지형을 살려 그에 맞게 하는 가드닝이었다.

그때만 해도 지금처럼 전문 정원교육을 하는 곳도 몇 군데 없었고, 정원서적도 다양하지 않았으며, 인터넷에도 정보가 풍부하지 않았다. 어렵사리 정원서적을 만나면 읽고 또 읽었다. 하지만 가드닝은 실패의 연속이었다. 새로운 품종이 보이면 무조건 구해 심었다. 하지만 식물 관련 지식도 없이 마구 심다 보니, 내 흙에서 함께하지 못하고 이별하기 일쑤였다. 조금씩 정원이 나이를 먹어 가면서 자연에게 배우기 시작했다. 그래, 자연을 거스르지 말자. 자연이 원하는 대로 가 보자. 그러자 내 정원을 좋아하는 식물들이 눈에 보이기 시작했다. 그 식물들을 사랑하기로, 풀을 너무 미워하지 않기로 마음먹었다. 지나치게 세를 불리지 않으면 풀들과 함께 살아가기로 결심하니 마음이 훨씬 여유로워졌다.

　꽃이 좋아 정원 가꾸기를 취미로 시작한 지 20여 년. 전문 정원사의 도움 없이 내 마음대로 하는 가드닝이 의미 있는 열매를 맺을 수 있는 기회가 생겼다. 나의 정원을 방문한 지인들이 이구동성으로 아름답다고 칭찬을 아끼지 않으며 2020년 산림청 주관 '아름다운 정원 콘테스트'에 참여할 것을 적극 권했다. 자신은 없었지만 응모하기로 하고 우선 정원 이름을 짓기로 했다. 물론 이 과정이 쉽지는 않았다. 큰딸이 몇 개의 이름 후보를 제시했는데 '숲새울'이 그중에 하나다. 이름을 보는 순간 이거다 싶었다. '숲속의 새가 노래하는 울타리'라는 뜻이 들어 있는 이름이라니! 이보다 더 좋을 수는 없었다. 그래서 2020년 '아름다운 정원 콘테스트'에 '숲새울'이라는 이름으로 응모했는데 대상을 받았다. 생각지도 못했던 대상을 받고 보니 기쁘기도 했지만 어깨가 무거웠다.

　마음 같아서는 해마다 정원을 오픈해 좋은 정원문화가 만들어지는 데 조금이라도 보탬이 되고 싶었다. 그런데 오랜 가드닝 때문인지 허리에 병이 생겨 상을 탄 첫해에만 사람들에게 개방할 수 있었다. 계속하지 못해서 못내 죄송스러운 마음이다. 작은딸과 주말이면 집에 오는 아들 부부가 내 손이 미치지 못한 곳을 찾아 도와주고, 사랑스러운 손주들은 고사리 같은 손으로 할머니를 돕겠다며 잔디밭 풀을 뽑아 준다. 숲새울정원이 아름답게 느껴지는 이유는 이렇게 가족의 사랑이 녹아들어 있기 때문인 것 같다. 모두에게 참 고맙다. 그리고 귀한 품종을 보면 숲새울정원을 생각하며 아낌없이 식물 나눔을 해 준, 식물에 진심인 고인옥 님께도 고맙다는 말을 전하고 싶다. 또 늘 숲새울정원을 애정 어린 시선으로 지켜봐 주시는 신혜순 님, 나정미 님, 한정애 님, 김선경 님, 신현자 님, 그리고 〈월간 가드닝〉 장현숙 대표님에게도 감사의 인사를 전한다. 끝으로 이 책이 세상에 나올 수 있게 해 준 목수책방 대표님에게도 고맙다.

2024년 여름, 숲새울정원에서 신재열

'정원수저' 딸이 바라보는 엄마의 정원

나는 서울 토박이다. 동대문 외곽 산허리에 자리한 작은 집성촌에서 살아온 최씨 집안의 큰손녀로 태어났다. 서울이라고는 하지만 어릴 적 기억에 주변 공터는 풀밭이었고, 주로 단독주택이 모여 있는 동네에는 작은 정원도 많았다. 초여름이면 담벼락에 온통 들장미로 가득했는데, 기억이 잘 나지는 않지만 유년기 앨범을 보면 덩굴장미 앞이나 야생화 정원 같은 풀밭에 앉아 있는 모습이 많다. 머릿속에 남아 있는 장면을 되짚어 보면 나는 신기하게도 자연 속에 묻혀 살았던 서울 토박이였다.

초등학교 저학년부터 살던 단독주택 옆 공터는 우리 집 부지만큼 비어 있었는데, 성실하고 진지한 농사꾼이었던 할아버지의 손길이 닿자 멋진 텃밭으로 변신했다. 그때를 생각하면 저녁 빛이 어스름해질 무렵, 동네 엄마 친구나 친척 들이 밭에 옹기종기 모여 무언가 하고 있었던 모습이 떠오른다.

매주 특정 요일이면 우리 집이나 어딘가에서 꽃꽂이 모임을 하고 돌아온 엄마 덕분에 2층 거실은 꽃으로 환해졌다. 어릴 적에도 참 인상 깊었던 식물이 바로 극락조였다. 극락에 살 법한 새를 닮은 그 식물은 꽤 자주 '포인트' 식물로 등장했고, 어린 눈에도 비싸 보이고 이국적이면서도 고급스러워 보였다. 하지만 화려한 꽃꽂이보다 열대 우림을 떠올리게 하는 테라리움(terrarium, 밀폐된 유리그릇 속에 작은 식물을 심어 감상할 수 있도록 한 것)이 더 좋았고, 그 테라리움보다도 더 좋았던 것은 2층 베란다를 타고 오르는 칡과 등나무, 그리고 그 위까지 높게 사라 여름마다 향기를 내뿜던 자귀나무였다. 자귀나무꽃이 피면 베란다에 나가 손바닥으로 부드러운 수술을

어루만져 보고, 꽃을 따서 코에 비비며 복숭아 같은 향기를 만끽하곤 했다. 자귀나무꽃이 한창일 때에는 어디서 오는지 몰라도 제비나비, 호랑나비가 떼로 몰려와 장관을 이루기도 했다.

대학을 졸업할 즈음, 부모님께서 서울 근교에 땅을 보러 다니시더니 급기야 집을 짓는다고 하셨다. 워낙 변두리 같은 동네에 살고 있었기 때문에 도시의 편리함과 화려함이 아쉽지는 않았고, 일찍 배운 운전 덕분에 별생각 없이 부모님을 따라 경기도의 전원주택으로 들어갔다. 새로 지은 집은 너무나 훌륭하고 편했다. 밤마다 들리는 고라니 소리, 적막함과 어둠이 무섭기도 했지만, 자연이 우리 터전에 주는 유일한 분위기에 이내 적응할 수 있었다. 집이 너덜(돌이 많이 흩어져 있는 비탈) 지형인 산계곡 옆에 자리 잡고 있어서 당시에는 젊었던 부모님과 시간이 날 때마다 산을 누비고 다녔다. 이사 간 첫 몇 해 동안은 산에서 채취한 영지버섯으로 겨우내 보양했고, 된장찌개에는 야생 뽕버섯이나 가지버섯을 넣어 풍미를 더했다. 등산로도 없는 그 산을 운동 삼아 헤집고 다니던 일이 엊그제 같다.

서울 주택에서 주로 꽃꽂이를 하거나 화분 식물 위주로 가꾸던 엄마가 본격적으로 정원을 가꾸기 시작했다. 처음 기억나는 식물은 꽃잔디다. 지금은 정원에서 퇴출되었지만 막 이사 와 황량했던 땅을 화사하게 덮어 주었던 고마운 식물이었다. 그리고 앵초가 드문드문 많이 등장하기 시작했다. 그 외에 배롱나무, 살굿빛 분홍색 꽃이 피는 붉은꽃칠엽수가 기억에 많이 남는다. 그 당시 엄마는 식물보다 정원의 구조를 잡는 일에 더 재미를 느꼈던 것 같다. 도랑을 파서 물길을 내고 호미질 한 번이면 나오는 수많은 자연석으로 경사진 부지에 이것저것 만들어 보곤 했다. 원래도 야생화를 좋아한 엄마가 특이한 토종 숙근초나 관목들을 많이 수집했던 것으로 기억한다.

팔당으로 이사 오고 엄마의 정원에 '숲새울'이라는 이름을 붙이기 전까지는 아름다운 정원의 겉모습만 즐겼을 뿐, 그 과정과 상황에 관해서는 아는 바도 관심도 없었다. 숲새울정원은 그저 나에게는 자랑스러운 엄마가 가꾸는 정원이었다. 엄마가 정원 가꾸기에 심취해 있을 때 미국 유학 중이었는데, 당시 한국에 흔하지 않았던 꽃씨들을 찾아 보내드리곤 했다. 그때 보냈던 매발톱 씨에서 싹이 나 해마다 교잡되어 매해 새로운 모습으로 정원을 장식하며 숲새울정원의 역사가 되었다.

몇 년 전 하던 일을 그만두고 갑자기 경력 단절이라는 상황에 맞닥뜨렸다. 무엇을 해야 할지 결정하지 못하고 잠시 외삼촌의 사무실에서 일하던 중, 허리가 많이 좋지 않았던 엄마를 도와 정원 일을 배우게 되었다. 주로 잔디 잡초 제거, 제거한 식물 버리기 등 주로 힘쓰는 일 위주의 소심한 가드닝을 하며 한 해를 보냈다. 두 번째 해에는 아는 새싹들이 보이기 시작해 엄마의 허락을 받아 꽃밭의 제초작업도 해 보고, 모종이나 작은 관목도 심어 보았다.

2020년, 엄마의 정원이 이제 정말 원숙한 모습이 되었고 어디 내놓아도 부끄럽지 않다고 생각할 즈음, 산림청이 주최하는 '아름다운 정원 콘테스트'에 나가 보라는 권유가 있었다. 엄마는 심사숙고한 후에 출전하기로 결심했다. 응모하려면 정원의 이름이 필요했기 때문에 나에게 우리 정원의 이름을 지으라는 임무가 떨어졌다. 첫날 준비해 갔던 이름은 모두 탈락되었고, 다시 심기일전하여 스케치북을 펴고 그림을 그려 가며 브레인스토밍을 하기 시작했다. 어떤 점이 우리 정원의 특징일까? 우리 정원은 산 옆에 자리 잡아 숲을 끼고 있고, 새가 많고, 또 옆에는 개울이 흐른다. 산과 새, 개울과 정원을 차례차례 그려 보고, 산, 숲, 새, 개울, 정원, 울타리를 적어 보았다. 숲, 새, 울. 그렇게 '숲새울정원'이 엄마의 20여 년 시간을 품게 되었다.

콘테스트 발표 당일, 대학 입시 때만큼이나 떨리는 마음으로 공고를 확인했다. 당연히 공공정원이 1등을 차지할 것이라 생각했는데, 1등이 엄마의 정원이었다. 너무 기뻐서 소리를 지르며 눈물을 흘렸던 기억이 난다. 정원에 1등이 어디 있냐며, 다 자기 취향을 반영한 정원이 있을 뿐이라고 생각했음에도 불구하고 엄마의 노력과 시간이 인정받았다고 생각하니 딸

로서 정말 자랑스럽고 기뻤다.

중부대학교 정원문화산업학과에서 본격적으로 정원 공부를 하기 전, 나에게 정원은 엄마의 취미였고, 엄마를 자랑스러워 할 수 있게 해 주는 무형의 자산이었다. 공부를 시작하고 보니, 내가 특혜 받은 '정원수저'이며 최고의 서당에서 수십 년을 뛰놀던 '서당개'라는 사실을 깨달았다.

정원을 전공할 생각이 없었을 때도, 해외에 있는 동안 식물원과 정원을 자주 찾아다녔다. 독일에 몇 년 살 기회가 있었는데, 떠나기 전 엄마와 친한 꽃친구가 독일 가면 꼭 정원 공부를 했으면 좋겠다고 하셨다. 당시만 해도 '정원 공부라는 것이 있나?' 하며 흘려들었다. 지금 뒤돌아보면 참 후회되는 일이다. 독일에서 마을을 돌며 이 집 저 집 정원 구경하는 것을 즐겼는데, 그때 한국에 전화해서 "엄마, 독일에는 길가에 식물이 너무 잘 심겨 있고 좋은데, 동네에 특별한 정원이 없네. 엄마 정원이 여기 오면 짱 먹어"라고 말했던 기억이 난다. 해외를 나와 보니 엄마의 정원이 얼마나 대단하고 멋진지 알 수 있었다.

정원 공부를 하기 시작하니 나도 보는 눈이 생기는지라 엄마의 정원에 태클을 걸기 시작했다. 물론 '내가 감히?' 이런 생각도 했지만 생각이 모이면 뭐든 더 발전하기 마련이라 여겼다. 식물 키우기는 엄마의 전공이고 미적 감각도 엄마가 더 좋지만, 나는 전체적인 정원 분위기나 디자인에 신경을 더 쓰고 싶었다. 그렇게 이런저런 의견을 제시하다가 가끔 '마마님'(우린 엄마를 이렇게 부르곤 한다)과 티격태격하기도 하지만, 결국 작은 생각이 모여 좋은 광경을 만들어 내곤 한다. 이제는 '마마님'이 이 식물은 어디 심으면 좋을지 내게 물어보기도 한다.

가장 큰 의견 차이는 '그라스'를 도입할 때 나타났다. 수년 전 그라스가 한국에 도입될 당시 참억새 같은 큰 품종들이 도입되어 엄마가 숲새울정원에도 심었는데, 식물의 큰 덩치에 혀를 내두르면서 결국 파내어 없앴다. 이후 엄마는 "그라스는 정원에 들일 수 없다"며 마음을 굳게 닫았다. 하지만 나는 정원에 도입할 만한 그라스 종류가 분명 있고, 가을과 겨울의 경관을 채워 줄 수 있는 그라스는 분명 매력이 있다고 믿었다. 게다가 칼 푀르스터, 헹크 헤릿선 같은 독일과 네덜란드의 숙근초 디자이너와 전문가들로부터 이어진 피트 아우돌프의 정원 철학과 디자인에 매료된 상태여서 그라스를 포기할 수가 없었다. 너무 크게 자라지 않고, 이삭이 아름답게 뻗어 나와 엄마의 정원과 어울릴 만한 그라스들을 끊임없이 제시하고, 보여드리고, 설득했다. 엄마는 내가 정원에 적극적으로 개입하기 전에는 씨송이들이 검게 변해 보기 싫다고 다 잘라 내는 편이었는데, 작년부터 끊임없이 설득한 덕에 지금은 엄마도 시커멓게 변한 씨송이에 매력을 느끼기 시작한 듯하다.

2022년 엄마와 함께 독일-네덜란드 정원 여행을 다녀온 후에는 그곳에서 보았던 디자인을 떠올리며 정원을 재구성해 보기도 했는데, 정말 재미있는 작업이었다. 〈가든스 일러스트레이티드 Gardens Illustrated〉 같은 해외 잡지나 종자 봉지에 적힌 영어나 독일어 해석이 필요할 때 엄마에게 도움이 될 수 있어서 뿌듯하다. 종자 봉지를 보면서 처음에 식물 학명을 알게 되었는데, 같은 속의 식물들을 비교하는 일과 종소명에 숨어 있는 의미를 찾는 것이 재미있어서 즐겁게 공부했던 기억이 난다. 처음에 내가 식물의 학명을 읊고 적으려고 하면, 엄마는 "무슨 이름이 이렇게 어려워! 다 필요 없어 이런 거!"라고 말하곤 했다. 하지만 학명의 유용함에 관해 알려드리니 이제는 엄마도 학명과 정명을 알려고 노력하며 정확한 식물 이름 알기의 중요함을 인식하고 있다.

내가 추구하는 정원은 '저관리' 정원이지만, 엄마의 정원은 굉장히 '고관리' 정원이다. 내가 지나친 노동을 하는 엄마에게 잔소리를 해서 엄마가 스트레스를 많이 받은 적이 있다. 나는 엄마처럼 하루 종일 일을 하면 체력이 소진되어 나가떨어지니, 엄마를 충분히 도와드릴 수 없다는 죄책감도 있었던 것 같다. 어느 날 엄마가 좋아서 하는 일인데 잔소리는 이제 그만두자는 생각이 들었다. 엄마가 정원 일을 사랑하고 즐기는 만큼 엄마가 행복한 것이라고 생각하니 나의 잔소리도 자연스럽게 줄어들었다.

나에게 숲새울정원은 아름다운 선물이고 유산인 동시에, 감히 짊어질 수 없는 무거운 짐이기도 하다. 그래서 정원에 들어서면 오감으로 느낄 수 있는 식물들의 미려함은 잠시 스쳐 지나가고, 엄마의 노동과 수고가 물 밀듯 다가와 저절로 한숨이 쉬어지곤 한다. 하지만 분명한 것은 숲새울정원은 엄마의 인생이 담긴 '걸작'이라는 사실이다.

왜 숲새울정원이 특별한지 딱 꼬집어 정의할 수는 없다. 하지만 오랫동안 유지해 온 정원의 바탕이 되는 크고 작은 나무들, 그 주변에 밀집한 여러 숙근초와 다양한 종의 식물, 교육기관에서 배운 것이 아니라 오랜 시간 스스로 터득해 온 엄마만의 손맛과 타고난 미적 감각, 식물에 관한 깊은 지식으로 일구어 낸 자연스러움 때문이 아닌가 싶다. 하지만 막연하게 사진과 에세이로 그 특별함을 피력하기보다 실질적으로 정원사들에게 도움이 될만한 정원식물과 엄마의 가드닝 노하우를 정리해 공유하고 싶었다. 또 숲새울정원의 초본과 교·관목들을 설명하고 계절별로 두드러지는 장면들을 책에서 보여 주고자 했다.

이 책의 모든 정보는 숲새울정원의 환경 조건에 한정된 것임을 미리 말해 둔다. 숲새울정원에서는 맞는 내용이어도 다른 정원에서는 틀린 내용일 수 있다. 같은 동네에서조차 각 정원에서 번성하는 식물이 다를 수 있기 때문이다. 우리가 자연을 탐방할 때, 같은 지역이라도 끊임없이 변화하는 식생을 볼 수 있는 것과 마찬가지다. 보편적으로 잘 자리 잡는 식물들을 바탕으로 각자의 정원에서 특별히 잘 자라는 식물을 발견하여 그 정원만의 고유한 특징으로 길러내는 일은 정원사에게 큰 보람을 느끼게 한다. 엄마가 숲새울정원에서 다른 정원에서는 잘 자라지 않는다는 아스트란티아 마요르 '로마'를 멋지게 길러낸 것처럼 말이다. 정원 가꾸기에는 결코 정답이 없다.

2024년 여름, 숲새울정원에서 최가영

차례

들어가는 글

    자연이 원하는 대로, 나의 인생을 품은 숲새울정원 •3

    '정원수저' 딸이 바라보는 엄마의 정원 •6

엄마와 딸이 이야기하는 숲새울정원 •16

숲새울정원, 이렇게 심고 가꾼다 •42

    학명 익히기, 식물의 특성을 파악할 수 있는 가장 빠른 길 •49

    알아 두면 유용한 꽃차례 •50

    숲새울정원의 정원 도구들 •52

    광요구도에 따른 숲새울정원 구역 분류 •54

숲새울정원의 3월 식물 •58

    숲새울정원의 튤립 이야기 •67

    숲새울정원의 복토 작업 •70

숲새울정원의 4월 식물 •72

    숲새울정원의 매발톱 이야기 •109

숲새울정원의 5월 식물 •116

숲새울정원의 6월 식물 •154

    숲새울정원의 수국 •196

숲새울정원의 7·8월 식물 •204

    수국 삽목하는 방법 •219

숲새울정원의 가을·겨울 식물 •228

    다알리아 관리법 •245

숲새울정원의 식물 구입처 •261

한눈에 보는 숲새울정원의 1년 정원 관리 •262

숲새울정원 식물 목록 •265

엄마와 딸이 이야기하는
숲새울정원

경기도 남양주시 조안면 능내리. 숲새울정원이 자리한 곳이다. '조안 鳥安'이라는 이름답게 숲새울정원에서는 언제나 새들이 즐겁게 지저귀는 소리를 들을 수 있다. 정원이 지금의 모습이 되기까지 말할 수 없는 우여곡절을 겪었지만, 이 아름다운 정원 안에는 엄마의 20여 년 인생이 고스란히 담겨 있다. 엄마와 함께 책을 만들며 엄마가 지금까지 키우고 돌본 식물들을 하나하나 들여다보면서 공부할 수 있었고, 엄마의 지난 세월도 만날 수 있었다.

     언젠가부터 블로그나 인스타그램에 포스팅할 때 엄마를 '마마님'이라 쓰기 시작했는데, 다른 분들도 엄마를 '마마님'이라 부르는 것을 발견했다. 그렇게 자연스럽게 엄마는 '마마님'이 되었다. 나는 스스로를 '수습이'라 말하곤 한다. '정원 가꾸기'에 있어서는 엄마를 따라잡을 수 없을 것 같은 느낌, 숲새울정원에서는 영원히 수습정원사일 것 같은 느낌이 들어서다. 숲새울정원의 식물과 정원 가꾸기 이야기를 본격적으로 풀어 놓기 전에 여기 엄마와 나, '마마님'과 '수습이'가 나눈 숲새울정원 이야기를 옮겨 본다.

ⓢ 엄마는 언제부터 식물과 자연이 좋았어요? 식물이나 식물 가꾸기, 자연에 관한 잊지 못할 어릴 적 기억이 있으면 이야기해 주세요.

ⓜ 어릴 때부터 식물이 좋았어. 국민학교 다닐 때 서울 청파동에 살았었는데, 그때 이런 일이 있었지. 엄마(수습이의 외할머니)가 꽃을 좋아해서 봉선화(봉숭아)와 나팔꽃을 집에 많이 심었어. 조그만 연못을 파서 그 주변에 한련화를 심기도 했고. 어린 시절이지만 그 풍경이 매우 예뻤던 것으로 기억해. 나도 봉선화꽃이 좋아 씨를 받아 이듬해에 심으려고 봉투에 넣어 두려고 했더니 작은오빠가 바로 봉투에 넣으면 안 되고 바싹 말려서 두어야 한다고 해서 냄비에 넣고 볶았지. 그랬더니 오빠가 그렇게 하면 죽어 버린다고 하대. 당시에는 바싹 말리려면 볶아야 하는 줄 알았어. 살아 있는 씨가 '죽는다'는 개념이 뭔지 알지 못했던 시절이지. 지금은 재미있는 추억으로 남아 있어. 소녀가 되어서도 결혼해서 넓은 초원에 집을 짓고 식물을 가꾸고 사는 것을 꿈꾸었을 정도로 지금까지 계속 식물을 사랑해 온 셈이야.

ⓢ 서울 생활을 접고 아예 이곳으로 내려와 본격적으로 정원을 가꾸어야겠다고 생각하게 된 계기가 있어요?

ⓜ 이 분야 전공을 해서 식물에 관해 전문적으로 알고 있는 남편 영향도 있었지. 남편이 물심양면으로 큰 도움과 지원을 해 주었기 때문에 그런 결심을 할 수 있었어. 오랫동안 꽃꽂이 수련을 했기 때문에 식물을 향한 관심과 애정이 더 커져서 자연스럽게 정원 가꾸기로 이어진 것 같아. 처음에는 그냥 시골에 집을 하나 마련해 서울에서 왔다 갔다 하려고 했는데, 이곳은 서울과 멀지 않아서 그냥 이사해야겠다고 결심했지.

ⓢ 땅을 구하는 과정이 아주 쉽지 않았는데, 결정적으로 이곳을 선택한 이유는 뭔가요?

ⓜ 서문에도 썼지만 이곳 능내리 땅은 예빈산 자락과 이어져 있고 산줄기를 타고 내려오는 계곡 때문에 결정했어. 원래 구입하려 했던 땅은 다른 땅이었는데, 그냥 마지막으로 구경이라도 해 보자는 마음으로 이곳에 와서 계

2002년 젊은 시절 '마마님'의 모습.

2012년, 첫 손주와 함께 정원에서 놀고 있는 엄마.

산줄기를 따라 시원하게 물이 흐르는 계곡은 생각을 정리하고 쉴 수 있는 최고의 장소다.

곡물이 흐르는 이 땅을 보고 한눈에 반했지. 칡덩굴과 잣나무가 밀림을 이루고 있는, 어떻게 보면 초라해 보이는 곳이었지만, 그 V자 형태 계곡 풍경을 보자마자 이곳에서 살고 싶다는 생각을 했지. 이곳에 전원주택을 지은 후 작은 다리를 놓아 건널 수 있게 만들었어. 다리 건너에는 시원한 물을 마실 수 있는 작은 약수터도 만들고, 주변에 테이블과 의자를 놓아 잠시 쉬어 갈 수 있게도 해놓고. 여름에 그곳에 있으면 얼마나 시원한지 몰라. 의자에 앉아 눈을 감고 있으면 맑은 물 흐르는 소리, 바람소리, 새소리가 들려오고 마음이 편안해져. 나에게는 그곳이 나만의 '사색의 공간'이야.

ⓢ 이사 와서 초기에는 어떤 일들을 했어요? 제일 힘들었던 순간, 또 제일 기뻤던 순간은요?

ⓜ 처음 이곳에 터를 잡았을 때에는 정글 같았다고나 할까. 야생의 모습 그대로였어. 워낙 돌이 많은 땅이라 돌을 많이 캐냈는데, 그 돌을 정원에 쌓아 자연스러운 정원 형태를 만들어 갔지. 처음에는 규제가 심한 곳이라 마음대로 할 수 있는 것이 별로 없었어. 그린벨트 지역이라 원하는 대로 정원을 가꿀 수가 없어서 처음에는 채소밭을 일구었는데, 내가 심은 채소를 팔 수도 없고 내가 다 먹는 것도 한계가 있다고 생각했지. 결국 채소밭은 점점 규모가 줄어들고 꽃밭은 점점 커졌어.

　　　　지금까지 제일 힘들었던 기억은 멧돼지야. 미국 여행을 한 달 정도 하고 왔는데, 정원을 완전히 굴착기로 갈아엎은 것처럼 엉망으로 만들어 놓았더라고. 멧돼지에게 욕을 퍼부으며 울면서 뽑힌 뿌리들을 다시 심고 정리했지. 그런데 그다음 날 다시 멧돼지가 와서 땅을 파 놓은 거야. 심지어 잔디밭까지 망쳐 놓았더라고. 담을 만들고 싶지 않았는데, 결국 멧돼지가 내려오는 것을 막기 위해 계곡 쪽에 거금을 들여 튼튼한 담을 만들게 되었지. 그 이후로 멧돼지가 정원에 찾아오는 일은 없어졌어.

　　　　숲새울정원을 만들고 제일 기뻤던 순간은 역시 손자 둘의 돌잔치를 내가 가꾼 정원에서 했던 때야. 특히 첫째 손자 돌잔치에는 손님이 100명 정도나 왔었던 것 같아. 그때만 해도 젊어서 그런 일을 치를 수 있었지. 손

2004년 정원 조성 초기의 튤립 식재는 지금과는 사뭇 다르다. 전체적인 화단의 분위기도 다르거니와 튤립의 색상과 식재 방식도 다르다. 하지만 당시에 나는 이 모습이 참 예쁘다며 정원에 있을 때 한참을 들여다보곤 했다.

2004년 정원을 처음 만들기 시작했을 때에는 엄마가 규제 때문에 눈치를 보며 살살 가드닝을 하던 때라 정원식물도 대파 같은 채소와 함께 농작물처럼 나란히 줄을 세워 식재해 놓았다. 키가 작은 패랭이꽃과 강렬한 색의 꽃을 피우는 식물들이 화단을 채우고 있다.

정원 초기에 조성했던 축대에는 당시 '클래식'한 정원공사의 문법대로 다양한 영산홍과 침엽 관목을 사이사이에 심었다.

한곳에 모여 단아하게 자리 잡은 조개나물, 돌단풍, 바위취는 지금까지도 정원 구석구석을 누비며 대를 이어 살아가고 있다.

엄마가 만들어 두었던 정감이 가는 수로 옆에 지금은 무지개다리를 건넌 고양이 차차가 다소곳이 앉아 있다. 2006년 숲새울정원의 모습이 담긴 사진을 본 엄마가 "별짓을 다 했었네. 지금 보니 새롭구나"라며 웃었다. 이 수로는 엄마의 감각이 돋보이는 작품이었다.

아이리스, 톱풀, 샤스타데이지와 꼬리풀 등의 꽃이 피어나는 2006년 정원의 모습은 엄마의 정원이 지금의 특징을 갖게 된 시작점이 아닐까 싶다. 2004년과 비교했을 때 식물과 화단의 모습이 매우 달라졌다는 사실을 알 수 있다.

2006년 꽃잔디가 만발한 숲새울정원의 모습.

2011년 5월 숲새울정원의 모습.

지금처럼 정원식물이 다양하지 않을 때 개양귀비 *Papaver rhoeas*의 꽃이 정원을 화려하게 채워 주었다. 사진은 개양귀비꽃이 만개한 2011년 6월 숲새울정원의 모습.

2024년 5월 숲새울정원의 모습.

월동할 수 없는 식물들을 키우는 작은 온실.

숲새울정원의 시그니처 구조물 중 하나인 돌 아치.

자들 생일이 정원이 아름다운 6월이라 매년 생일잔치를 해 주는 즐거움이 있어.

ⓢ 20년 전 처음 가드닝 시작할 때와 지금의 정원은 많이 달라졌을 텐데, 처음에 구상했던 정원의 모습은 어떤 모습이었어요? 처음에 땅은 어떻게 만들고 구획했는지 궁금해요.

ⓜ 처음에 어떤 구체적인 그림을 가지고 정원 가꾸기를 시작한 것은 아니야. 하다 보니 점점 가드닝 영역도 넓어지고 관련 지식도 쌓이면서 지금의 정원이 만들어진 것 같아. 당연히 수많은 실패를 거듭할 수밖에 없었고. 내가 정형화된 정원을 그리 좋아하지 않아서 숲새울정원은 '자연스러움'에 방점을 두고 가꾼다고 말할 수 있을 것 같아. 숲새울정원의 가드닝을 한마디로 요약하자면 '내맘대로'일 것 같네. 처음에 땅을 구획할 때는 최대한 있는 그대로 자연 지형을 살리고 싶어서 그렇게 했지. 워낙 그런 모습의 자연을 좋아하니까.

숲새울정원에 있는 온실과 도자기 굽는 가마는 생일선물로 남편이 만들어 주었어. 숲새울정원을 본 사람들이 인상적인 구조물로 꼽는 돌 아치의 경우도 남편이 도와주었지. 지금 자리에 돌 아치 구조물을 만들고 싶지만 돈이 많이 들어 미안해서 눈치를 보고 있었는데, 남편이 지나가는 듯한 말로 이야기한 내 말을 들어주어서 지금도 고맙게 생각해.

ⓢ 처음에는 어떤 식물을, 어떻게 구해서 심었어요?

ⓜ 처음에 가드닝할 때만 해도 정원식물을 파는 곳이 별로 없었고, 흔하게 볼 수 없는 식물을 찾고 싶었는데 살 수 있는 곳이 정말 드물었지. 옛날에는 종로5가에 가면 종묘상들이 많았는데, 그 앞에 이런저런 식물을 파는 노점상들이 즐비했어. 기웃거리다 보면 흔히 보지 못했던 야생화나 수입 식물을 파는 사람들을 만나곤 했는데, 거기서 구해서 사다 심었지.

ⓢ 전문 정원사의 도움 없이 지금까지 정원을 가꾸고 있는데, 초기에 도움이

되었던 사람이나 책이 있나요?

(마) 초기에 도움을 받은 사람은 없었어. 사실 물어볼 곳이 전혀 없었다고 할 수 있지. 그래서 관련 책을 찾았는데 어딘가에서 《가정원예백과》라는 책을 할인해 팔고 있기에 얼른 구입했지. 번역서 같았는데, 당시에는 그 책에서 많은 도움을 받았어. 내 입장에서는 굉장히 많은 정보가 있는 친절한 책이었지. 경희대학교 한의학박사인 안덕균이 지은 《한국본초도감》도 당시에 많이 참고한 책 중 하나야. 또 네가 해외에 있을 때 이런저런 씨를 구해서 보내 주었잖아. 특히 네가 보내 준 캄파눌라 로툰디폴리아 *Campanula rotundifolia*, 멜리니스 네르비글루미스 '사바나' *Melinis nerviglumis* 'Savannah', 리나리아 '페어리 부케' *Linaria* 'Fairy Bouquet'가 너무 마음에 들어서 오랫동안 정원에서 키우고 있지.

(수) 숲새울정원에는 규모에 비해 굉장히 식물 종이 많아요. 새로운 식물은 어떻게 구하고 있는지, 나름의 선정 기준이 있다면 무엇인지 말해 주세요.

(마) 지금은 식물을 구할 수 있는 곳도 많고, 정보도 쉽게 얻을 수 있어서 좋아. 인스타그램도 보고 관련 온라인 카페에서 많은 정보를 얻지. 사실 갖가지 식물을 다 키우고 싶은 욕심이 기본적으로 있어. 그래서 온실에도 다양한 식물이 있지. 키가 큰 식물이나 바람에 하늘하늘 흔들리는 '여리여리한' 식

엄마가 곁에 두고 수없이 들여다본 책. 《가정원예백과-봄의 꽃》(최영전, 아카데미아, 1994)와 《한국본초도감》(안덕균, 교학사, 1998).

물을 좋아하는 편이야. 홑꽃도 좋아하고. 하지만 좋아하는 것만 심지는 않아. 정원 공부하는 딸 덕분에 피트 아우돌프가 주로 심는 식물들도 많이 들어와서 지금은 정원이 뒤죽박죽되었지(웃음). 요즘은 키워 보지 않았던 숙근초 위주로 주로 선정하는 편이야. 숲새울정원은 면적에 비해 교·관목이 많은 편인데, 사실 나무도 유행을 많이 타. 내 경우는 나무 시장에 가서 고를 때 너무 키가 크지 않는 종류로 정원에 어울릴만한 관목이나 아교목 위주로 구입해. 그리고 아름다운 꽃이 피는 종류로. 요새는 수입되는 종이 너무 많은데, 가능하면 토종 나무를 많이 심으려고도 하지. 보이면 무조건 사는 편이야. 나무 병해충 관리는 남편이 맡아서 하고 있어.

ⓢ 정원에 들이는 식물은 아무래도 개인의 취향이 크게 반영되기 마련인데, 어떤 정원식물을 좋아하세요?

ⓜ 숲새울정원에서는 수없이 많은 종의 식물이 자라지만 개인적으로 내가 좋아하는 식물을 하나 꼽으라면 역시 델피니움*Delphinium*이야. 우리가 보통 제비고깔이라고 부르는 식물이지. 절화로도 많이 사용하는 델피니움은 어깨 높이까지 자라면서 손바닥만 한 잎이 깊이 갈라지고, 꽃은 총상꽃차례로 한줄기에 여러 개 파란색 자주색 꽃이 달려서 플로리스트들에게 사랑받는 식물이야. 원예종 델피니움은 여름에 녹아 버리기 때문에 아쉽지만 한해살이풀로 생각하고 키워야 해. 가을이나 봄에 모종을 새로 구입하거나, 씨를 발아시켜서 모종을 내야 하는 수고를 해야 하지만 매력적인 식물이야. 그런데 우리나라 토종 큰제비고깔*Delphinium maackianum*이 몇 년 전에 숲새울정원에 자리를 잡아서 원예종 델피니움들을 대체하고 있어. 자생식물이다 보니 여름에 녹아 내리지 않고, 숙근초로 정원에 자리 잡고 있지. 키워 보니 원예종 델피니움보다 우리 토종 제비고깔이 더 아름답게 느껴지기도 해.

ⓢ 현재 정원에서 가장 애착이 가는 곳과 식물이 궁금해요. 지금까지 기억에 남는 식물이 있다면 하나 이야기 해 주세요.

ⓜ 사실 내가 키운 식물 모두가 사랑스럽고 애착이 가지만 굳이 하나 꼽으라면 제비고깔이 있는 숲정원(12번 구역, 54쪽 참조)을 들고 싶네. 델피니움 말고도 촛대승마, 눈빛승마, 눈개승마, 개승마 등 승마 종류를 좋아해. 우리 집 터줏대감이라 할 수 있는 아스트란티아 마요르 '로마'도 내가 가장 사랑하는 식물 중 하나야. 두 포기를 사서 심었는데, 지금은 정원의 한 구역을 차지할 정도로 세력이 커졌어. 여름에 아스트란티아 마요르 '로마'를 분주해서 늘려 심을 때마다 "여기에 아스트란티아 밭을 만들 거야"라고 말했던 것 기억하지? 실제로 지금 그렇게 되었네.

ⓢ <u>씨부터 키워서 모종을 만드는 일도 많이 해 왔는데 그렇게 하는 특별한 이유가 있을까요? 모종을 만들려면 온실도 필수인데 숲새울정원 온실에서는 주로 어떤 일을 하는지도 알려 주세요.</u>

ⓜ 사실 희귀한 품종은 모종 구하기가 어렵잖아. 그런 식물은 발아를 시키

'마마님'이 좋아하는 델피니움과 토종 큰제비고깔, 그리고 아스트란티아 마요르 '로마'

는데, 사실 쉬운 일은 아니야. 내가 새로운 식물에 관심이 많다 보니 숲새울정원에 다양한 식물을 많이 심고 싶은데, 넓은 정원을 채울 모종을 구입하는 비용도 무시할 수 없어서 한해살이풀은 씨를 발아시켜 모종을 만들곤 해. 손이 많이 가고 신경을 많이 써야 해서 예전보다는 모종 만드는 빈도가 좀 줄어들기는 했지만.

남편이 칠순 기념으로 지어 준 작은 온실은 나만의 실험실 같은 곳이야. 씨를 받으면 주로 온실에서 모종을 만들지. 온실은 월동에 약하거나 발아시켜야 할 식물들이 주로 자리를 잡고 있어. 내가 델피니움을 좋아하다 보니 발아가 까다롭다는 델피니움 종자도 씨부터 키워서 모종을 만들었지. 15~16도의 저온에서 암발아(어두운 곳에서 발아)한다는 델피니움의 생육조건도 사실 인터넷과 책을 뒤져서 독학으로 알아냈어. 저온에 어두운 곳이 어디 있을까 궁리하다가 정원 끝자락에 있는 계곡 주변이 생각났지. 델피니움 생육조건에 맞게 발아시켜서 매해 한여름에 나팔 모양의 예쁜 꽃을 마음껏 즐길 수 있게 되었고.

겨울을 나지 못하는 알스트로메리아*Alstroemeria*, 세이지 등은 추워지면 온실에 넣어 두었다가 날이 풀리면 내다 심기도 하고. 일찍 꽃을 보려고 스토크*Matthiola incana* 같은 식물을 온실에서 키워서 잘라 화병에 꽂아 놓기도 하고, 나중에 정원에 내다 심어서 정원에서 키우기도 하지. 온실에는 선물 받은 각종 제라늄*Pelargonium*도 있고 다양한 열대 식물, 화려한 꽃을 피우는 선인장 종류도 여럿 있어. 파인애플세이지*Salvia elegans*를 온실에 심어 두면, 겨우내 예쁜 꽃을 볼 수 있어 좋아.

정원 가꾸기를 하는 분들이 종자 발아가 잘되는 식물이 뭐가 있는지 찾아보고 모종을 만들기에 적합한 조건도 찾아보면서 채종과 모종 만들기의 재미를 느껴 보았으면 좋겠어. 뿌리 나누기나 삽목, 휘묻이 등 식물 개체 수를 늘리는 다양한 방법이 있으니 하나하나 배워 두는 것도 좋고.

(수) 20년 전과 비교했을 때 가장 많이 바뀐 것이 있다면 무엇일까요? 바뀌지 않은 것이 있다면요?

(마) 처음에는 정원 대신 농사를 짓는 밭이 있었지. 그리고 깔끔하게 정리된 잔디밭이 있었고. 지금은 잔디 구역의 가장자리는 모두 숙근초, 관목, 다양한 종류의 장미가 차지하고 있어. 2023년을 기준으로 상추를 길러 먹는 작은 입식 화단을 제외하면 모든 텃밭이 사라진 셈이야. 마지막까지 남아 있던 텃밭은 지금 숲정원이 되었어. 변하지 않은 것은 '지형'이지.

(수) 정원사로서 엄마의 일상은 주로 어떻게 채워지나요? 일상적인 가드닝이 어떻게 이루어지는도 이야기해 주세요.

(마) 눈뜨자마자 어떤 꽃이 피었는지, 어떤 싹이 나왔는지 정원을 한 바퀴 돌

숲새울정원의 온실 식물들. (왼쪽부터) 보마레아 멀티플로라 *Bomarea multiflora*, 선인장류인 디소칵투스 필란토이데스 '저먼 엠프레스' *Disocactus phyllanthoides* 'German Empress', 주로 실내에서 키우는 게라니움 로베르티아눔 *Geranium robertianum*과 제라늄 종류 *Pelargonium*.

숲새울정원 곳곳에는 마마님이 손수 만든 도자기 소품이 놓여 있다. 깨진 도자기도 멋진 화분이 되었고,
잘라 낸 나뭇가지는 멋진 곤충집으로 변신했다.

아. 숲새울정원은 2월부터 봄기운이 돌고, 3월이 되면 뭔가 나오기 시작하지. 물론 잡초가 많기는 하지만. 나무의 눈에서 싹이 움트는 모습도 보고. 외출하지 않는 날은 나가서 하루 종일 정원에서 시간을 보내곤 해. 풀과 씨름하고, 묵은 잎이나 가지도 정리해 주고. 4월 중순부터는 한해살이 풀들을 심거나 정원 전체를 둘러보며 물도 주는 등 정원을 돌봐. 건조할 때는 물을 하루 종일 줄 때도 있고. 꽃밭 사잇길에 풀이 너무 많이 나서 그 길의 풀을 매다가 어깨가 다 나갈 정도까지 간 적도 있어. 그래서 이 길에 뭔가 깔아야겠다고 생각하던 차에 가족과 제주 여행을 갔다가 베트남 화산석으로 포장한 공간을 보고 이거다 싶었지. 그래서 같은 소재로 정원 동선에 깔았더니 정원 일이 훨씬 줄어들었어. 주로 사용하는 도구는 정원사 대부분이 그렇겠지만 호미, 전정가위, 전동가위, 삽, 톱 등이야. 두꺼운 가지는 전동가위를 사용하고 전정가위는 저렴한 국산을 이용해. 쓰다 보면 가위를 많이 잃어버리고 퇴비 더미에 들어가 사라지기도 해서 소모품이라고 생각하고 많이 사 두는 편이야.

(수) 정원 관리는 풀과의 싸움이라고 하는데, 숲새울정원의 풀 관리는 어떻게 해요?

(마) 사실 대충해. 풀은 이길 수가 없지. 아주 치명적인 경우를 제외하고는 그냥 둬. 5월 정도부터 정원식물이 자라 우거지면 풀이 안 보이기 때문에 그 때를 기다려. 하지만 어떨 때는 자연스럽게 정원에 자리 잡은 풀이 좋아 보일 때도 있어. 별꽃 *Stellaria media*이나 우산이끼 *Marchantia polymorpha* 등은 선제적으로 제거하기도 해.

(수) 지금까지 정원을 가꾸면서 정원사들이 가장 신경 써야 할 점이 있다면 뭐라고 생각해요?

(마) 들여도 괜찮은 식물이 있고, 들이면 안 될 식물이 있어. 사사 종류 *Pleioblastus*는 잘못 심었다가는 마구 퍼져 온 정원을 망가뜨릴 수 있으니 주의해야 해. 각각의 식물이 잘 살아갈 수 있도록 병해충, 풀, 물 관리를 제대로 해

정원을 보기 위해 떠난 해외여행 중에 가장 인상 깊었던 네덜란드 헤센호프육묘장의 '마더 베드'(mother bed, 판매 품종의 모체를 기르며 전시도 하는 정원).

주는 것도 기억해야 하지. 아무리 정원사가 잘 가꾸려고 애를 써도 하늘하고 손발을 잘 맞추는 방법을 터득해야 하고.

(수) 숲새울정원에는 아주 다양한 식물이 살고 있지만, 구석구석 정원사의 취향과 센스를 엿볼 수 있는 오브제들이 아주 많아요. 그런 오브제를 정원에 잘 활용하고 싶은 사람들에게 해 주고 싶은 조언이 있다면 무엇일까요?

(마) 사실 그건 각자 취향에 맡겨야 하는 부분이라 생각해. 유럽풍을 좋아하는 사람들도 있고 나처럼 도자기나 옹기, 돌 등 자연스럽고 한국적인 것을 좋아하는 사람도 있으니까. 내 경우는 오래전부터 공예품 만드는 취미가 있어서 지금의 정원에 많이 활용했지. 작은 자기나 조형물을 모두 내가 만들었으니까. 남편이 사 준 가마를 이용해 틈틈이 이런저런 소품을 만들고 있어. '꽃이랑 흙이랑 놀다 보니 일흔이더라' 이 현판도 내가 만들었는데 정원 가꾸는 사람들이 자신의 정원 철학이 담겨 있고 취향이 묻어나는 소품들을 잘 활용하면 좋을 것 같아.

헤센호프육묘장의 로드게르시아 *Rodgersia*.

(수) 지금까지 수많은 외국 정원을 함께 보러 다녔는데, 가장 기억나는 장소가 어디인가요? 혹시 보면서 숲새울정원에서 시도해 보고 싶었던 것이 있었나요?

(마) 우리가 여행하고 나서 함께 가장 좋았던 장소 순위를 매겨 보았는데, 너랑 나랑 생각이 비슷했던 것 같아. 피트 아우돌프의 후멜로, 헤센호프육묘장, 비트라캠퍼스 등이 있었지. 사실 여행하며 본 모든 곳이 다 좋았지만 너는 헤센호프육묘장이 가장 인상 깊었다고 했지. 피트모스를 사용하지 않고 직접 부엽토를 만들어 유기농 재배를 하는 곳이었어. 자체적으로 종자와 모주母株를 관리해 유전적으로 건강한 식물들을 생산하고 있어서 더 의미가 있는 곳이었고. 여행하며 너와 내가 모두 로드게르시아의 매력에 흠뻑 빠져들었었는데, 숲새울정원에서도 다양한 로드게르시아를 풍성하게 길러 보고 싶구나.

(마) 마지막으로는 내가 딸에게 해 주고 싶은 이야기가 있어. 내 영향을 받아 본격적으로 정원 공부를 하기 시작했는데 처음에는 힘든 정원 일을 하는 게 마땅치는 않았어. 하지만 이왕 시작했으니 앞으로 딸이 길게 보고 인내심을 가지고 공부를 해 나갔으면 좋겠다. 물론 몸이 나만큼 상하지는 않았으면 해. 사실 정원 일이 남들 보기에는 좋아 보이지만, 너무 힘든 일이니까. 너는 엄마와는 다르게 어떤 정원을 만들고 싶니?

(수) 공부하면서 유럽의 자연주의 정원에 빠져 있다 보니 엄마의 정원을 보면서 의견 차이가 생기기도 하잖아요. 사실 감히 엄마의 정원 일에 참견할 수는 없는 입장이지만 공부하고 있는 입장에서는 숲새울정원이 더 발전된 모습의 정원이었으면 좋겠고, 전체적인 분위기나 디자인에도 더 신경을 썼으면 좋겠어요. 아무래도 엄마는 처음 심는 식물을 잘 관리해야 하기 때문에 한 식물을 몰아서 심는 경향이 있는 것 같아요. 나 같은 경우는 식물을 리듬감 있게 반복해서 분산 식재하는 것을 선호하는 편이구요. 그래서 어떤 식물이 잘 자리 잡는 것을 확인하면 엄마를 설득해서 곳곳에 분산시켜 심도록 하잖아요. 엄마는 숲새울정원에서 자라는 나무의 수형도 당

장 눈에 거슬리면 정리하고 싶어 해요. 엄마는 일단 꽃을 보는 것을 중요하게 생각하니까 그런 점에서는 의견 충돌이 일어나기도 하지요. 식물에 관한 지식도 쌓이고 외국 식물들도 많이 접하다 보니 내가 새로운 식물을 많이 추천하곤 하는데, 스키자키리움 스코파리움 '하하통카' *Schizachyrium scoparium* 'Ha Ha Tonka'를 추천해서 심었을 때 엄마도 좋아해 주어서 우리가 정원을 매개로 서로 알아가는 것 같다는 생각도 했어요.

사실 제가 추구하는 정원은 사람 손길이 많이 필요하지 않은 정원이죠. 엄마의 정원은 시간과 노력이 아주 많이 들어가야 하는 정원이고. 허리도 좋지 않은 70대 엄마가 정원에서 온종일 일하는 모습이 사실 속상할 때가 많아요. 정원 일을 즐기는 엄마가 너무 행복해 보이기는 하지만 딸 입장에서는 안쓰러울 때가 있어서 잔소리를 자주 하게 되더라고요. 앞으로는 엄마가 조금 더 몸을 생각하면서 가드닝을 했으면 좋겠어요. 엄마가 지금처럼 정원을 가꾸고, 도자기도 굽고, 친구들과 교류하면서 인생을 활기차게 즐길 수 있다면 저는 더 바랄 것이 없답니다.

숲새울정원,
이렇게 심고 가꾼다

새로 도입한 숙근초(겨울 동안 식물체의 지상부가 말라 죽고 뿌리만 남아 있다가 봄에 생장을 계속하는 초본식물)가 땅에 적응하려면 시간이 필요하다. 그 시간은 식물의 특성에 따라 길어질 수 있다. 몇몇 장소에서 실험해 보면서, 식물을 옮기기도 하면서, 꼬박 한 해를 기다려야 한다. 개체를 이곳저곳 분산해 보는 일에는 항상 위험이 따른다. 정원에 있는 식물이 수백 가지가 넘고 시시때때로 올라오는 여타 식물들과도 구분해야 해서 아직 자리 잡지 못한 테스트 개체를 내내 보살피는 일이 쉽지만은 않다. 하지만 그럼에도 불구하고 진정으로 그 식물을 원한다면 노력하고 기다리는 수밖에 없다. 노력한 시간은 분명 보상해 줄 것이다. 이렇게 했는데도 식물이 이 정원에서 못 살겠다고 하면 그때는 미련 없이 보내 주어야 한다.

식물의 특성 고려하기 — 내한성, 광요구도, 내습성

식물이 좋아하는 환경에 식재해야 한다는 사실은 정원사가 알고 있어야 할 기본 상식이다. 숙근초의 경우 1순위로 고려하는 식물의 특성이 내한성이다. 숲새울정원에서는 미국농림부내한성척도(USDA Plant Hardiness Zone)를 기준으로 Zone 5(영하 23.3도~28.8도) 이하의 식물들은 무리 없이 월동한다. 숲새울정원에서는 Zone 6(영하 17.8도~23.2도) 이상의 식물일 경우 따로 보온하지 않으면 노지 월동이 어렵다. 하지만 Zone 6 이상으로 표기된 식물인데도 월동을 매우 잘하는 경우가 있다. 아름다운 산형과 식물인 셀리눔 왈리키아눔*Selinum wallichianum*은 공신력 있는 해외 자료를 참고했을 때 Zone 6 이상으로 표기되어 있다. 처음에는 여섯 개의 작은 모종을 구입해 세 개는 온실에 두고 나머지는 노지에 심었는데, 온실의 모종은 사라졌지만 노지에 심은 개체들은 자리를 잘 잡았다. 이듬해 동일한 모종을 추가 구입해 노지에 식재했는데, 노지에서 모두 겨울을 났다. 간혹 몇몇 미국 육묘장의 경우 셀리눔 왈리키아눔의 내한성 등급을 Zone 4(영하 28.9도~34.3도) 또는 5(영하 23.3도~28.8도)로 표기하는 경우가 있다는 사실도 확인할 수 있었다. 이렇게 최근 도입된 외래종의 경우, 해외의 정보가 국내의 환경과 일치하지 않는 경우가 종종 있어서 국내 유통사에서 확인한 경우가 아니라면 정원사가 직접 길러 보고 확인해야 한다.

처음 들인 식물의 정보가 정확하지 않고 그 모종의 숫자가 넉넉하다면, 각기 특성이 다른 장소에 식재해 잘 자라는 곳을 찾아낸다. 숲을 끼고 있고, 나무가 많으며, 북서쪽으로 산을 끼고 있는 남동향이고, 습도가 충분한 숲새울정원의 환경에서는 주로 광光요구도와 내습성(습기를 견뎌 내는 성질)을 고려하는데, 식물 자체의 경쟁력 또는 자라는 모습에 따라 장소를 변경해야 할 수도 있다.

로드게르시아 *Rodgersia*를 처음 정원에 들였을 때, 반그늘 또는 그늘 환경으로 최대한 직사광선을 받지 않는 곳이 좋은 자리일 것이라 예상하고 식재했다. 하지만 독일과 네덜란드의 로드게르시아 군식지가 좀 더 양지에서 번성한다는 사실을 확인하고, 좀 더 햇빛을 받을 수 있는 곳으로 옮겨 식재했더니, 이듬해 꽃을 피웠다. 이후 로드게르시아 모종들은 양지 가까운 곳에 심었는데 모두 잘 자라고 있다.

한국의 여름 장마는 많은 도입 식물에게 좋지 않은 환경을 만든다. 처음 정원을 만들 때 독일붓꽃 *Iris × germanica*의 특성을 잘 몰랐다. 그래서 내습성을 고려하지 않고 심어 괴경(덩이 모양을 이룬 땅속줄기)이 모두 썩었던 경험이 있다. 그 이후 공부하면서 독일붓꽃의 특성을 알게 되었고, 비탈이나 흙을 돋운 화단 위에 식재했다. 숲새울정원은 습기에 약한 식물들을 정착시키려고 마사토를 사용해 가장 일조량이 많은 화단을 낮은 동산 모양으로 조성했다.

디자인 고려하기

구역을 조금씩 넓혀 가며 20년간 가꾸어 온 숲새울정원의 전체적인 디자인 특징은 주변 경관과 조화를 이루는 식재다. 이를 위해 너덜 지형에서 만들어지는 수많은 자연석을 활용한다.

○ 정원의 구조물

자연석 구조물

정원 입구의 낮은 담, 연못가의 돌벽과 봄 꽃길 오르막 끝의 돌 아치, 계단의 짚음벽, 모두 정원에서 캐낸 자연석으로 만들어 자연스럽게 경관에 녹아들도록 계획했다.

오벨리스크와 아치

덩굴성 식물을 올리는 구조물은 너무 도드라지지 않게, 식물이 돋보이도록 사용했다. 몇 개의 작은 장식적인 구조물 이외에 오벨리스크(첨탑 모양의 덩굴 시렁)와 아치 대부분은 검은색을 사용했다.

도자기와 옹기

엄마가 수년간 만들어 온 도자기 작품들을 화분이나 장식용으로 정원 곳곳에 사용하고 있다. 한국적인 정서가 배어 있는 손으로 빚은 도자기와 구입한 옹기는 겨울철 내부에 물이 고이는 것만 주의하면 세월이 지나도 변함 없이 은은한 아름다움을 뽐내며 자연을 담은 숲새울정원과 조화를 이룬다.

엄마가 만든 커다란 토분에 페튜니아 *Petunia* 를 심었다. 어디서 씨가 날아들었는지 분홍바늘꽃 *Chamerion angustifolium* 이 홀로 피어 재미있는 광경을 연출하고 있다.

예전에 할머니가 사용하던 옹기, 엄마가 그동안 모아 둔 옹기와 새우젓 독을 한곳에 모아 놓으니 한국적 분위기가 물씬 풍긴다.
여름이 되면 옹기 사이로 호장근 *Reynoutria japonica* 이 올라와 멋진 풍경을 만들어 준다.

색상

전체적으로 꽃이 많아 화려한 정원이지만 은은한 색의 꽃을 피우는 식물을 주로 식재했다. 화려한 색상의 꽃을 피우는 식물은 거리를 두고 정원의 포인트가 될 수 있는 자리에 배치했다.

유사한 색상 조합의 예

비슷한 컬러의 꽃을 피우는 헤스페리스 마트로날리스 *Hesperis matronalis*와 아스트란티아 마요르 로마 *Astrantia major* 'Roma'가 은은한 분위기를 자아낸다.

색상 강조의 예

선홍빛 꽃을 피우는 오리엔탈양귀비 *Papaver orientale*가 은은한 색조가 지배적인 정원 구역의 포인트가 되어 준다.

높이

처음 식는 식물의 경우 예상 높이를 파악하고 식재하는 것이 중요하다. 식물의 예상 높이는 판매처의 정보와 검색을 해서 얻은 정보를 취합하고, 인터넷의 사진을 참고한다.

수국 앞쪽으로 다소 키가 작은 에키나세아*Echinacea*를 식재하고,
그 앞으로 더 낮은 키의 산비탈리아 프로쿰벤스*Sanvitalia procumbens*를 식재했다.

○ 계절

계절별 식물의 모습을 예상하고, 지나치게 빈 곳이 없도록 계획한다.

위부터 차례대로 숲새울정원의 봄, 여름, 가을 풍경.

새로운 품종 시도하기

새로운 식물을 정원에서 길러 보려는 시도는 식물을 사랑하는 모든 정원사가 하고 싶은 일일 것이다. 다양한 식물을 직접 길러 보는 것만큼 정원사에게 즐거운 일은 없다. 매번 심을 곳이 없다고 불평하는 엄마도 끊임없이 새로운 식물을 정원에 들인다. 새로운 품종을 식재하고 테스트하여 정원의 식구로 맞이하면, 결과적으로 정원의 종다양성을 높여 생태적인 정원을 이루어 낼 수 있다.

'쌀각연'이라는 이름으로 유통되는 포도필룸 플레이안툼 *Podophyllum pleianthum*은 중국 남부와 대만 원산으로 국내에서는 주로 실내에서 기른다. 2022년 엄마가 혹시나 하는 마음에 연못가 아그배나무 아래에 이 식물을 심었는데, 긴 겨울을 이겨 내고 작은 꽃을 피웠다. 추운 기후 때문인지, 아직 식물이 어려서인지, 본래의 모습보다 작게 자라났다. 포도필룸 플레이안툼은 자주색 꽃이 피는데, 이 식물은 꽃색이 미색이다. 정확한 정보를 검색하기 어려워 원예종인지 자연적 변종인지 확인하기 어렵다. 2024년 봄, 이전보다 훨씬 큰 잎과 꽃을 뽐내며 정원에 잘 자리잡아 주었다.

학명 익히기,
식물의 특성을 파악할 수 있는 가장 빠른 길

식물의 학명을 익히는 일은 어렵거나 귀찮을 수 있지만, 식물의 특성을 파악할 수 있는 가장 빠른 길이라고 생각한다. 식물 학명은 속명과 종소명 두 라틴어 단어가 합쳐져 이루어지는 '종명'을 의미한다. 사철나무의 학명 *Euonymus japonicus*을 예로 들면, 대문자로 시작하는 *Euonymus*는 속명, *japonicus*는 종소명이다. 속명은 문자 그대로 이 식물이 어느 '속'에 속하는지를 보여 준다. '속'은 생물 분류체계에서 '종' 다음으로 가장 하위에 있는 분류 단위로, 형태에 중점을 두어 유사한 종을 모은 군이다. 우리에게 익숙한 에키나세아*Echinacea*, 클레마티스*Clematis*, 살비아*Salvia*가 모두 '속'명이다. 그래서 속명이 같으면, 그 식물의 모습이 유사한 경우가 많다. 종소명은 이 식물의 특성을 나타내 주는 단어다. 종소명은 원산지가 될 수도 있고, 발견한 사람 또는 기념이 될 만한 사람의 이름이 들어가기도 하며, 그 식물의 특성을 나타내기도 한다.

Euonymus japonicus, *Euonymus oxyphyllus*, *Euonymus hamiltonianus*, *Euonymus alatus*. 이 식물들은 모두 화살나무속*Euonymus*속에 속한 목본류로 그 형태가 유사하다. 하지만 한국 이름은 차례대로 사철나무, 참회나무, 참빗살나무, 화살나무다. 그래서 실제로 이 나무를 직접 보지 않고는 이름만으로 이 나무들이 같은 속인지 알 수가 없다. 그래서 정원사가 식물의 학명을 익히면 식물을 이해하고 적절하게 식재하는 데 매우 도움이 된다. 물론 아름다운 우리 식물 이름을 정확히 익히는 것도 중요하고 의미가 있다. 이 책의 식물명 표기는 우선 국가표준식물목록을 따르되, 국가표준식물목록에 등재되어 있지 않은 경우 큐왕립식물원(Royal Botanic Gardens, Kew)에서 운영하는 POWO(Plants of the World Online, powo.science.kew.org)를 기준으로 라틴어 학명 발음을 한글로 표기했다.

알아 두면 유용한 꽃차례 花序

꽃차례는 꽃이 줄기나 가지에 붙어 있는 상태를 의미한다. 꽃이 어떤 모양으로 피는지를 알아 두면 정원에서 꽃의 형태를 고려한 식물 배치가 쉬워진다. 다음은 흔히 볼 수 있는 대표적인 꽃차례다.

총상꽃차례
중심축에 꽃대가 있으며, 각각의 꽃이 하나의 꽃자루에 달린다.

원추꽃차례
꽃차례의 중심축이 여러 갈래로 나뉘어 그 가지마다 꽃대가 생긴다. 아래쪽으로 갈수록 가지가 길기 때문에 전체적으로 보았을 때 원뿔형이 된다.

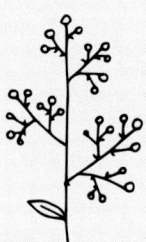

취산꽃차례
먼저 꽃대 끝에 한 개의 꽃이 피고, 그 주변에서 가지가 나와 거기서 또 꽃이 핀다. 이렇게 계속 곁가지가 생기며 꽃대를 올린다.

산방꽃차례
꽃차례 중심축에 여러 개의 꽃자루가 붙어 있다. 꽃들의 끝부분이 거의 평평한 모양을 이루기 때문에 가장자리의 꽃자루가 가장 길고 안쪽은 짧다.

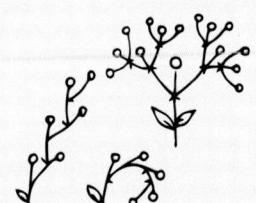
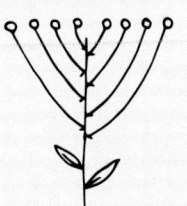

산형꽃차례

꽃차례 중심축 끝에 비슷한 길이의 꽃자루가 달린 꽃이 우산 모양으로 모여 핀다.

복산형꽃차례

꽃차례 중심축 끝에 산형꽃차례로 달린 꽃자루가 여러 개 부채 모양으로 달린다.

두상꽃차례

아주 작은 꽃이 꽃대 끝에 모여 머리 모양으로 붙어 있어 전체적으로 하나의 꽃처럼 보인다. 국화과 식물의 꽃에서 많이 볼 수 있다.

육수꽃차례

두툼하게 발달되어 있는 중심축에 꽃자루 없는 아주 작은 꽃이 다닥다닥 붙어 있는 형태. 포가 변형된 큰 꽃턱잎인 불염포로 싸여 있는 경우가 많다. 천남성이나 칼라가 대표적이다.

숲새울정원의 정원 도구들

호미는 단연코 대한민국의 정원사들에게 최고의 도구일 것이다. 다양한 모양의 호미가 시판되고 있지만, 숲새울정원에서는 전통적 모양의 한국 호미가 가장 사랑받는다. 숲새울정원과 오랜 인연을 이어 가고 있는 녹슬고 날이 부러진 가위는 이곳의 역사를 말해 주는 것 같다. 하지만 실제로 그렇게 오래된 가위는 아닐 것이다. 일본제나 독일제 좋은 가위를 사도 워낙 소모성 도구라 어떤 가위도 수명이 짧은 편이다. 그렇기 때문에 저렴한 적과가위를 다량으로 구입해 사용하는 편이다. 적과가위로 자르기 어려운 가지들은 전동가위를 이용한다.

관수용품은 사용해 본 결과 가데나Gardena 제품이 가장 좋아서, 다양한 연결부와 노즐을 구입해 사용하고 있다.

지인들에게 정원을 소개할 때 정확한 식물 이름을 알려 주고 싶어서 내구성이 좋은 **식물 라벨**을 찾던 중 미국 아마존 사이트에서 구리 라벨을 발견했다. 2021년에 방수 라벨지에 식물 이름을 넣고 레이저 프린터로 인쇄해 붙여 두었는데, 3년이 지난 지금까지도 잘 유지되고 있다. 구글에 'GardenMate plant label'을 입력하면, 다양한 금속 재질과 모양의 식물 라벨이 검색된다.

광요구도에 따른 숲새울정원 구역 분류

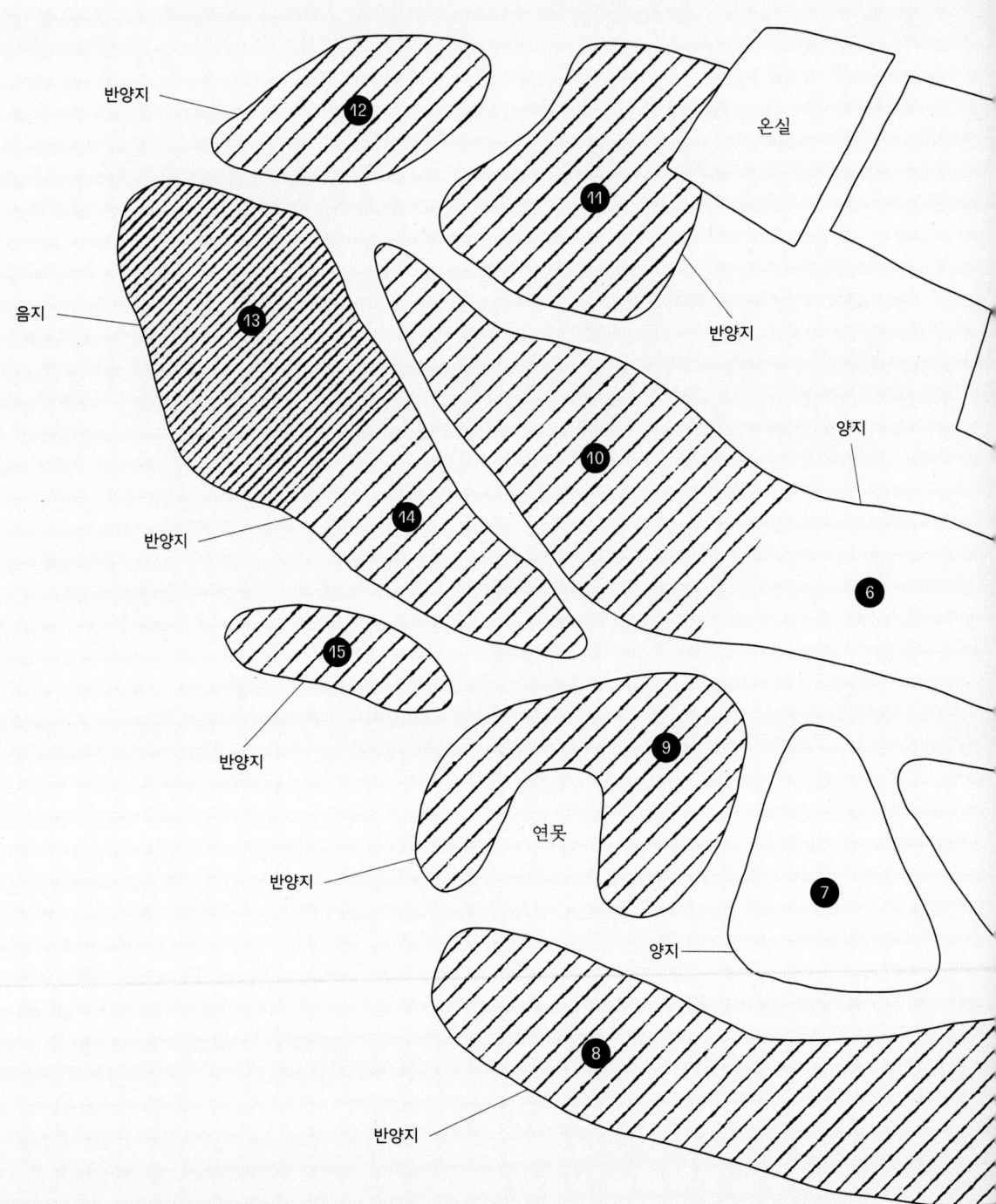

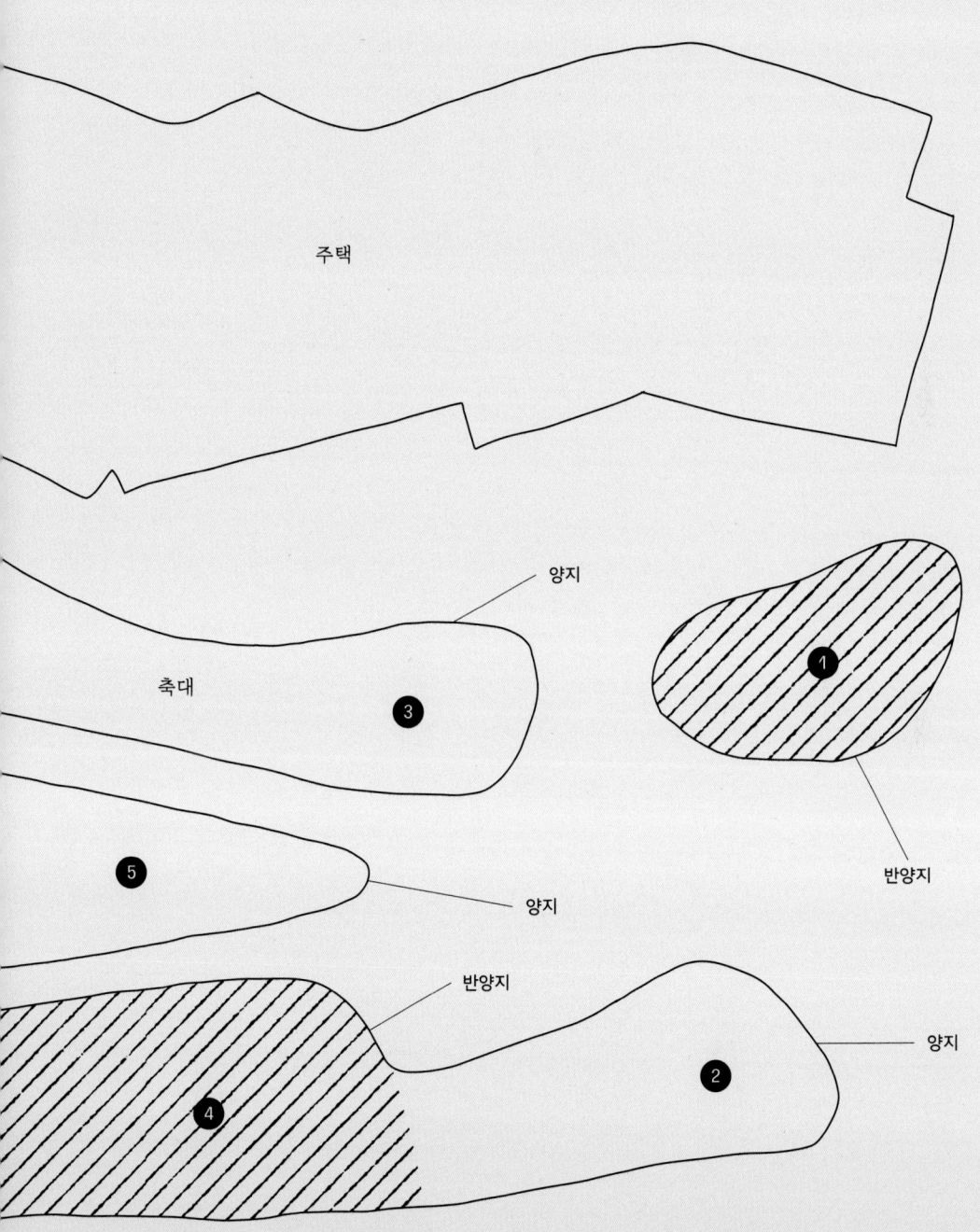

일러두기

이른 봄부터 가을까지 숲새울정원을 채우는 주요 식물들을 개화 순서대로 소개합니다(사진 촬영일 참조). 식물 설명은 모두 숲새울정원의 환경을 기준으로 직접 '마마님'이 선정하고 키워 본 경험을 바탕으로 정리했습니다(환경이 다른 곳에서는 정원 관리 방법이 조금 다를 수 있습니다). 꽃이 피어 사진 촬영을 한 날짜를 기준으로 식물을 배열했으며, 개화일은 해마다 조금씩 다를 수 있습니다.

식물 이름은 국가표준식물목록(www.nature.go.kr/kpni/index.do)을 기준으로 하되, 등재되지 않은 식물은 유통명을 쓰거나 라틴어 속명 또는 학명을 발음나는 대로 표기했습니다.

정원 구역은 광요구도에 따라 화단별로 분류한 것입니다(본문에 개별 식물마다 정원 구역 숫자 표기, 54~55쪽 지도 참조). 1~8구역은 다소 건조하며, 9~15구역은 다소 습한 환경입니다. 특히 축대에 위치한 3과 6구역은 습기에 취약한 식물들을 주로 식재하는 곳이며, 12구역은 큰제비고깔 *Delphinium maackianum*을 비롯한 우리나라 자생종 식물이 잘 자라는 장소입니다.

주요 정보는 광요구도(양지/반양지/음지), 식물체의 일반적인 크기, 숲새울정원 구역 번호, 촬영일, 목본/초본 분류 순으로 정리했습니다.

관목처럼 줄기가 여러 개로 나지 않는 교목(5미터 이상의 나무) 중 크기가 5미터 이하인 경우 아교목으로 표기했습니다.

미국 농무부(USDA) 식물 내한성 구역(Plant Hardiness Zone)　　　　　　　　　　구역 / 온도

1a / 영하 51.1~48.3도	5b / 영하 26.1~23.3도	10a / 영하 1.1~영상 1.7도
1b / 영하 48.3~45.6도	6a / 영하 23.3~20.6도	10b / 영상 1.7~4.4도
2a / 영하 45.6~42.8도	6b / 영하 20.6~17.8도	11a / 영상 4.4~7.2도
2b / 영하 42.8~40도	7a / 영하 17.8~15도	11b / 영상 7.2~10도
3a / 영하 40~37.2도	7b / 영하 15~12.2도	12a / 영상 10~12.8도
3b / 영하 37.2~34.4도	8a / 영하 12.2~9.4도	12b / 영상 12.8~15.6도
4a / 영하 34.4~31.7도	8b / 영하 9.4~6.7도	13a / 영상 15.6~18.3도
4b / 영하 31.7~28.9도	9a / 영하 6.7~3.9도	13b / 영상 18.3~21.1
5a / 영하 28.9~26.1도	9b / 영하 3.9~1.1도	

숲새울정원의 3월 식물

깽깽이풀
Jeffersonia dubia

양지/반양지 | 20~30센티미터 | 11 | 2023.3.2.~4.17. | 숙근초

20년 전쯤 연못 공사를 하러 온 분이 선물로 준 식물인데 자리를 잘 잡았다. 연보랏빛 꽃이 만개하면 햇살을 받으며 봄바람에 살랑거리는 모습이 너무나 아름답다. 씨를 맺고 잎이 풍성해진 후에 휴면에 들어간다. 이후 뿌리 나누기로 증식할 수 있다. 포기가 많이 커지고 씨가 많이 맺힌다. 하지만 이 씨가 달아서 개미들이 많이 물어 가기 때문에 자연발아가 드문드문 일어난다.

수호초
Pachysandra terminalis

반양지/음지 | 10~15센티미터 | 13 | 2023.3.9. | 기는줄기/상록 숙근초

아는 사람의 집 바위 곁에 무성하게 자란 모습이 멋있어서 몇 포트 사다 심었는데 잘 퍼지고 강건하다. 회양목과인 수호초의 꽃은 3~4월에 피며, 줄기 끝에 미색 꽃이 수상꽃차례로 달린다. 상록성이라 겨울에도 잎이 푸르다.

돌단풍
Mukdenia rossii

양지/반양지 | 30~50센티미터 | 3, 6, 10, 11 | 2023.3.13.~4.27. | 숙근초

약 20년 전, 조경공사를 한 후에 돌 사이사이에 하나하나 심었다. 씨로도 잘 번진다. 바위에 자리 잡으면 따로 물을 주지 않아도 잘 자란다. 꽃이 지고 난 후 과하게 자란 잎들을 제거해 주면 새로운 잎이 나서 가을에 아름다운 단풍이 든다. 봄이 시작되기 전 남은 잎들을 깔끔히 제거해 주면 좋다. 작은 별 모양의 흰 꽃이 취산꽃차례로 핀다.

얼레지
Erythronium japonicum

양지/반양지 | 높이 15~20센티미터 | 12 | 2023.3.20. | 구근식물/캐낼 필요 없음

줄기 끝에 종 모양의 보랏빛 꽃이 달리는데, 꽃잎이 위로 말리는 특징이 있다. 우리나라 자생종이다. 예전에 구근을 구입해 심었었는데 너무 작은 것을 심어서 그런지 꽃을 피우지 못하고 개체가 사라졌다. 2022년에 다시 이듬해 꽃이 필 만한 성숙한 구근을 구해 심었고, 2023년에 드디어 꽃을 보았다. 2024년 3월, 2023년보다 더 많은 꽃대가 올라오는 것을 보니 해당 구역에 자리 잡은 것으로 보인다.

프레이저홍가시나무 '레드 로빈' *Photinia × fraseri* 'Red Robin'과 돌단풍 *Mukdenia rossii*

중의무릇
Gagea nakaiana

양지/반양지 | 10~15센티미터 | 11 | 2023.3.20. |
구근식물/캘 필요 없음

———

일부러 심지 않았는데 정원에 나타난 식물이다. 구입한 다른 식물에게서 묻어 온 것 같다. 시간이 흐르면서 포기가 많아지고 여기저기서 나는 것을 보니 씨로 자연 발아도 하는 것 같다. 숲새울정원에서는 구근 나누기를 몇 차례 해서 증식시켰다. 꽃줄기 윗부분에 노란색 작은 꽃이 여러 개 달린다.

히어리
Corylopsis coreana

양지/반양지 | 3~5미터 | 12 | 2023.3.24. | 관목

학명을 잘 외우는 편인데도 히어리의 학명은 외우는데 한참 걸렸다(사실 지금도 '코릴롭시스'가 입 밖으로 잘 튀어나오지 않는다). 코레아나 *coreana*가 붙어 더욱 자랑스럽고 친근한 나무다. 히어리의 아름다움은 2022년 3월 오설록티하우스 북촌점 2층 테라스 정원에서 처음 느껴 보았다. 이른 봄, 수형 좋은 키 큰 히어리의 화사한 꽃이 나무에 주렁주렁 매달려 바람에 살랑살랑 흔들리고 있었다. 국립생물자원관 자료에 따르면 히어리는 낙엽 떨기나무(관목)로 분류되지만, 떨기나무처럼 키를 작게 키우기보다 오설록티하우스에 식재된 것처럼 큰 키의 다간형 아교목 형태로 기른 것이 더 아름다워 보인다. 숲새울정원의 히어리도 그렇게 키우고 있다. 아는 사람에게 제법 큰 묘목으로 선물 받아 6년 정도 키웠다. 여왕의 귀고리 같은 연노랑 꽃이 잎보다 먼저 피며, 가장자리가 자잘한 톱니 모양이고 물방울처럼 둥근 잎은 가을에 노랗게 물든다. 정원 뒤편의 구상나무를 베어 낼 때 쓰러진 나무 기둥에 잘 자란 줄기 하나가 꺾인 것이 지금도 참 마음이 아프다.

진달래
Rhododendron mucronulatum

양지/반양지 | 1~3미터 | 10 | 2023.3.29. | 관목

―

온라인 카페에서 구입해 심었다. 숲새울정원에서는 '흰진달래'라고 부르고 있지만 국가표준식물목록 이름으로는 그냥 '진달래'다. 하얀 꽃의 청초한 아름다움이 이른 봄을 밝혀 주며 꽃이 핀 다음 잎이 나온다.

미치광이풀
Scopolia parviflora

양지/반양지 | 30~40센티미터 | 12 | 2023.3.29. | 숙근초

―

온라인 동호회에서 구한 한국 자생종 식물이다. 보통 자생지에서 흐드러지게 꽃을 피운 풀을 만날 때면 감동이 밀려오지만, 미치광이풀같이 다른 화려한 야생화에 밀려 존재감을 드러내지 못하는 식물들은 오히려 정원에 들여 단독으로 살펴보면 그 매력을 제대로 느낄 수 있는 것 같다. 큰 잎에 비해 작은 자주색 종 모양의 꽃이 달린다. 뿌리에 독성이 있어 먹으면 미치광이가 된다고 하여 이런 이름이 붙었다고 한다.

키오노독사 루킬리아이 '알바'
Chionodoxa luciliae 'Alba'

양지/반양지 | 8~15센티미터 | 7 | 2023.3.27. | 구근식물/캐낼 필요 없음

실라 시베리카
Scilla siberica

양지/반양지 | 8~15센티미터 | 7 | 2023.3.27. | 구근식물/캐낼 필요 없음

같은 시기에 꽃이 피는 이 두 식물은 합식하면 키 높이도 맞고 색의 조화가 아름답다. 수선화, 무스카리, 실라, 키오노독사, 히아신스, 푸시키니아, 패모 등의 꽃이 피는 이른 봄, 숲새울정원을 환하게 밝혀 줄 흰색 꽃을 피우는 식물은 단연 키오노독사 루킬리아이 '알바'다. 푸시키니아나 실로이데스 *Puschkinia scilloides*나 실라 시베리카 '알바'의 흰 꽃은 너무 작고 형태가 뚜렷하지 않아서 겨울이 지나면 맨땅을 드러내는 숲새울정원에서는 휴짓조각처럼 지저분해 보이기 일쑤다. 흰 꽃을 피우는 무스카리 종은 매년 사라져 가지만, 이 키오노독사 루킬리아이 '알바'는 10년째 자리를 지키고 있다. 튼튼한 잎 사이로 피는 별 모양 꽃이 깔끔하면서도 화사하다. 영국왕립원예학회(이하 RHS)가 "일반적으로 사용하기에 매우 좋고, 형태와 색상이 기본적으로 안정적이며 강건한 식물"에 수여하는 '우수정원식물 Award of Garden Merit'에 선정된 실라 시베리카는 정원에 꼭 필요한 실라 품종이다. 정원에 자리 잡으면 높이도 15센티미터 정도 자라고, 작지만 존재감 있는 꽃을 피우며, 개화기가 길다. 키오노독사 루킬리아이 '알바'와도 잘 어울리지만 설강화 *Galanthus* 종류가 잘 자라는 곳이라면 설강화와 조합해도 좋다.

키오노독사 사르덴시스
Chionodoxa sardensis

양지/반양지 | 높이 10~20센티미터 | 11 | 2023.3.20. | 구근식물/캐널 필요 없음

국가표준식물목록에는 키오노독사 사르덴시스라는 이름으로 등재되어 있으나, 해외의 경우 실라 사르덴시스 *Scilla sardensis*로 정명이 바뀐 상태다. 최근 국제 명명법에 따르면 키오노독사속은 실라속에 병합되었다. 잘 없어지지 않으며 번식이 잘 되는 식물이다. 꽃이 지면 구근을 나누어 식재할 수 있다. 구근은 싹이 나는 쪽을 위로 향하게 해서 구근 크기의 세 배 정도의 깊이에 심어 주면 된다.

세복수초
Adonis multiflora

양지/반양지 | 15~20센티미터 | 11, 12 | 2023.3.29. | 숙근초

온라인 동호회에서 구입해 심은 식물로, 4년쯤 되었다. 휴면기에 잎이 다 사라지기 때문에 식재 위치를 기억해야 한다. 이른 봄꽃이 귀할 때 노란색 꽃을 풍성하게 피워 낸다. 가늘게 갈라지는 잎도 인상적이다. 아는 사람의 정원에서는 씨로도 발아가 잘된다고 하는데, 숲새울정원에서는 쉽게 볼 수 없다.

숲새울정원의 튤립 이야기

중앙아시아가 원산지이지만 많은 사람이 네덜란드 식물로 알고 있는 튤립 *Tulipa*. 원종튤립 botanical tulip 종류부터 최근 많은 사랑을 받고 있는 패럿 parrot, 꽃잎이 마치 앵무새 깃털 같다 해서 붙은 튤립 품종 그룹 이름 튤립 종류까지 수없이 많은 튤립 종이 숲새울정원을 거쳐 갔다.

원종튤립은 여름이 건조한 유럽에서는 쉽게 토착화해 세를 불려 나가지만, 숲새울정원에서는 딱 한 해만 예쁘게 꽃이 피고 사라져 버린다. 그래도 또 원종튤립이 보고 싶었는지 '마마님'은 툴리파 프레스탄스 '쇼군' *T. praestans* 'Shogun'을 심어 놓았다. 식재한 곳은 마사토로 높이 복토한 화단이니 이번에는 부디 잘 살아 남기를. 독일의 헤르만스호프 Hermannshof처럼 툴리파 실베스트리스 *T. sylvestris*가 무리 지어 퍼지면 얼마나 좋을까.

아쉽지만 그래도 나름 숲새울정원에서 가장 잘 적응하고, 여름에 캐지 않아도 몇 년 동안 훌륭한 꽃을 피우는 종이 있다. 바로 '다윈 하이브리드 Darwin hybrid' 그룹으로 분류되는 튤립이다. 1950년대 네덜란드의 육종가 르페버 D.W. Lefeber가 싱글 레이트 튤립(single late tulip, 홑꽃잎 만생종)과 포스테리아나 fosteriana 튤립(황제 튤립 emperor tulip으로도 알려진 그룹으로 가장 일찍 개화하는 튤립에 속한다)을 교배해 만든 품종이다. 큰 달걀 모양의 꽃과 강하고 긴 줄기, 상대적으로 일찍 개화하는 특징이 있다. 숲새울정원에서는 매년 4월 초에 꽃을 피우기 시작한다. 이 튤립은 특이하게도 숙근 튤립 perennial tulip이라고도 부르는데, 5년까지는 도태되지 않고 매년 상태 좋은 꽃을 피워 낸다. 2021년 이후로 모습을 감춘 연분홍색 꽃을 피우는(품종 미상) 다윈 하이브리드 튤립은 10년 정도 지속적으로 꽃을 피우고 사라졌다.

툴리파 실베스트리스 같은 원종튤립에 비하면 다윈 하이브리드 그룹 튤립은 자연주의 정원에는 어울리지 않는, 고전적이고 진부한 형태의 튤립인지도

다윈 하이브리드 그룹 튤립에 속하는 '빅 치프'가 소래풀과 어우러져 피어난 모습.

모른다. 패럿 튤립이나 프린지드 튤립(fringed tulip, 꽃잎 끝에 작은 털 같은 가장자리가 있는 튤립)에 비하면 덜 화려하고 밋밋할 수도 있다. 하지만 오랜 기간 매번 정원에 다시 돌아온다는 점, 강하고 기본을 지킨다는 점을 생각하면 꽤 아름다운 튤립이라는 생각이 든다.

숲새울정원같이 다양한 식물이 가득한 환경에서는 튤립 구근을 화단 중간중간에 심어 두기가 어렵다. 호미질 한 번에 구근이 망가지곤 하니까. '마마님'은 돌담 밑 화단 가장자리에 튤립 구근을 심어 놓았는데, 구근이 여기 있다는 사실을 기억하기 위한 엄마만의 방법이다. 2022년 늦가을에 심은 다윈 하이브리드 그룹 튤립(장밋빛 분홍색 꽃)의 '빅 치프 Big Chief'는 두더지 피해를 입어 반 정도는 사라졌는데, 남은 튤립이 소래풀과 어우러져 그럴듯한 광경을 만들어내고 있다.

2023년 후스아우돌프울산가든에서 구근식물 식재를 하면서 배운 노하우대로 늦가을에 원예종 튤립들을 흩뿌려 가며 심었다. 자연스럽고 흥미로운 경관을 위해 매년 원예종 튤립을 흩뿌려 심는 것도 정원을 즐기는 하나의 방법인 듯하다.

원예종 튤립
(품종 미상)

툴리파 클루시아나 '레이디 제인'
T. clusiana 'Lady Jane'

툴리파 실베스트리스
T. sylvestris

툴리파 프레스탄스 '쇼군'
T. praestans 'Shogun'

숲새울정원의 복토 작업

낙엽이 쌓여 부엽토로 덮이는 화단을 제외하고, 매년 3월 초 복토 작업을 한다. 숲새울에서는 분갈이토(그린토)를 단독으로 사용하거나, 분갈이토(그린토) 상토(바로커)를 3:1의 비율로 섞어 사용한다. 복토의 목적은 양분이 빠져나간 흙 보충, 잡초를 제거할 때 소실된 토양 복구다.

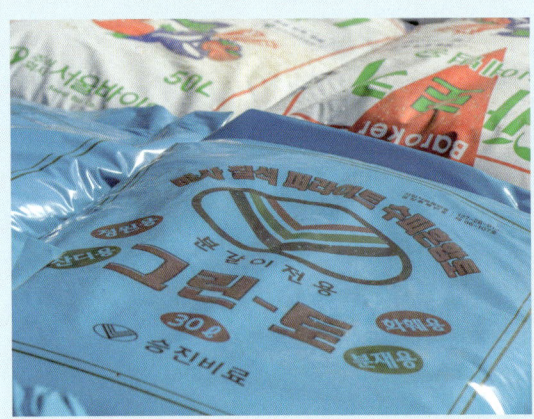

복토를 위한 분갈이토.

분갈이토와 상토를 섞어 주고 있는 모습.

복토한 후 화단의 모습.

봄철 정원 관리는 대부분 가지치기 같은 정리 일이 아닐까 싶다. 주말에 본가를 찾는 남동생이 큰 일꾼 역할을 해 주곤 한다.

숲새울정원의 4월 식물

후지벚나무 (운용벚나무, 품종 미상)
Prunus incisa 종류

양지 | 2~3미터 | 2 | 2023.4.1. | 아교목

온라인 카페에서 구입했다. 주로 가지가 구불구불한 형태의 나무에 '운용'이라는 이름을 붙여 유통한다. 후지벚나무는 왜성형이며 가지가 저절로 휘어지는데, 그 모습이 참 멋있다. 일반적으로 시중에서 많이 유통되는 후지벚나무 '코조노마이'*Prunus incisa* 'Kojo-No-Mai'와는 다른 품종이라고 한다. 왜성형이기 때문에 꽃과 잎이 일단 벚나무에 비해 작다. 2022년에 심었는데, 월동을 잘한다.

별목련 '돈'
Magnolia stellata 'Dawn'

양지 | 2~3미터 | 2 | 2023.4.1. | 아교목

'나무삼촌'이 운영하는 '아름다운 정원수' 블로그 blog.naver.com/phs44444에서 2019년 구입해 식재했다. 품종명이 '새벽'이라는 의미의 '돈 Dawn'인데, 꽃의 분위기를 보았을 때 발음나는대로 표기한 '돈'이라는 이름과 좀 어울리지 않는 느낌이라 아쉽다. 별목련은 별 모양의 흰 꽃이 피는 일본 원산 목련인데, 별목련 '돈'은 원예종으로 연분홍 꽃이 겹으로 핀다.

자주괴불주머니
Corydalis incisa

양지/반양지 | 30~50센티미터 | 정원 전체 | 2023.4.1. | 두해살이풀

아는 사람에게 종자를 구해 심었는데 숲새울정원에서 스스로 씨를 퍼뜨리며 잘 자리 잡았다. 이른 봄꽃이 없을 때 소래풀 *Orychophragmus violaceus*처럼 채움식물(정원의 빈 곳을 채워 주어 바탕이 되는 식물) 역할을 톡톡히 해 준다. 붉은빛이 도는 보라색 꽃이 총상꽃차례로 달린다. 필요한 경우 제거도 수월하게 할 수 있다.

수선화 '테이트어테이트'
Narcissus 'Tete-A-Tete'

양지/반양지 | 15~20센티미터 | 12 | 2021.4.2. | 구근식물/캐낼 필요 없음

'마마님' 절친의 소개로 농장에서 팔다 남은 미니 수선화 포트를 저렴하게 대량 구입해 계곡 주변과 정원 가장자리에 식재했다. 작은 꽃 무리가 현호색이나 개별꽃, 남산제비꽃, 바위취 잎과 잘 어울린다. 해외 자료에 의하면 이 수선화는 번식이 잘된다는데, 관찰 결과 숲새울정원에서 이 품종은 번성하기보다 도태된다.

수선화 종류 (품종 미상)
Narcissus

양지/반양지 | 40~50센티미터 | 12 | 2023.4.8. |
구근식물/캐낼 필요 없음

—

'수습이'가 거주하는 아파트 화단의 적절한 곳을 골라 관리사무소의 동의를 얻어 수선화와 히아신스 몇 십 구를 심고 봄을 기다렸다. 봄이 되어 빼꼼히 싹을 내민 수선화를 보며 개화를 기다리던 어느 날, 꽃봉오리가 올라오자마자 누군가가 무참히 히아신스를 캐어 가 버렸다. 수선화에게도 닥칠 비극을 방지하기 위해 호미도 없이 숟가락으로 열심히 모두 파내서 숲새울정원으로 데려왔다. 뒤편으로 만개한 자주괴불주머니의 꽃이 보인다.

현호색
Corydalis remota

양지/반양지 | 15~20센티미터 | 11, 12, 13 | 2022.4.8. |
구근식물/캐낼 필요 없음

—

봄에 산에서도 흔히 볼 수 있는 현호색의 속명인 *Corydalis*는 그리스어 'korydallis(종달새)'에서 유래했다. 꽃의 모습이 종달새를 닮았다고 해서 붙은 이름이다. 잎의 변이가 심해 현호색 종류를 구별하는 일은 만만치가 않다. 잎 모양이 다양한 숲새울정원 자생종 현호색 종류가 정원 곳곳에 스스로 씨를 뿌리며 번식해 퍼져 있다. 10센티미터 이상의 가느다란 뿌리줄기 아래 구근이 달리므로, 구근을 캐내는 것이 매우 어렵다. 해외에서 유통되는 원예종 코리달리스의 경우 구근이 아닌 뿌리가 형성되는 종이 대부분이다.

현호색과 수선화 '테이트어테이트'

현호색과 산괭이눈 *Chrysosplenium japonicum*

프리틸라리아 페르시아 '알바'
Fritillaria persica 'Alba'

양지/반양지 | 90~120센티미터 | 9 | 2023.4.8. |
구근식물/개화 후 캐냄

프리틸라리아 페르시아
Fritillaria persica

양지/반양지 | 90~120센티미터 | 9 | 2023.4.8. |
구근식물/개화 후 캐냄

화사한 꽃들 사이로 피어난 검붉은 꽃(아래 사진)은 언제나 매력적이다. 이 패모*Fritillaria*도 여름에는 구근 상태가 안 좋아진다. 장마 전에 캐 두었다가 가을에 다시 심으면, 이렇게 튼튼한 줄기와 꽃대로 보답한다. 숲새울정원에서 장마 기간 동안 캐낸 구근들은 종이상자에 담아 서늘한 곳에 보관한다. 작은 감자 정도 크기의 프리틸라리아 구근은 가운데가 비어 있는데, 이곳에 물이 고이면 썩을 수 있기 때문에 개방된 부분이 옆으로 가게 눕혀 식재하는 것이 좋다.

포테르길라 가르데니 (품종 미상)
Fothergilla gardenii

양지/반양지 | 60~90센티미터 | 1 | 2023.4.10. | 관목

온라인에서 구입해서 2019년경 식재했는데, 현재 위치가 햇빛이 부족한지 더디게 자란다. 하지만 개화에는 문제가 없어서 그 자리에 두려고 한다. 실목련 또는 실꽃풍년화라는 이름으로 유통되는 포테르길라는 조록나무과(히어리, 풍년화 등이 여기에 속한다)로 목련과는 관계가 없다. 목련이 피는 시기에 병솔 모양의 꽃이 잎보다 먼저 나와 '실목련'이라는 이름으로 불리는 듯하다. 작고 동그란 잎은 가을에 붉게 물든다.

금낭화
Lamprocapnos spectabilis

양지/반양지 | 50~70센티미터 | 11, 14, 15 | 2023.4.12. | 숙근초

숲새울정원에서 저절로 자라는, 진분홍색 꽃을 피우는 식물이다. 어릴 적에는 할머니에게 들은대로 '며느리밥풀꽃'이라 불렀지만 정명은 '금낭화'다. 흰색 꽃을 피우는 금낭화와 함께 숲새울정원의 구석구석을 꾸며 주고 있다. 종자로 자연번식이 잘 되는 편이다. 얼마 전까지만 해도 *Dicentra spectabilis*였던 학명이 지금의 학명으로 변경되었다. 흰색 금낭화는 따로 구매해 심었다.

미선나무
Abeliophyllum distichum

양지/반양지 | 1~2미터 | 2 | 2022.4.3. | 관목

우리나라 고유종이다. 예전에는 보호종으로 취급되어 구할 수 없었는데, 현재는 보호종에서 해제되어 쉽게 구할 수 있다. 맹아력(최초 본 줄기가 훼손되었을 때 남아 있는 휴면 근주(根株)에서 다시 새로운 줄기를 만들어 내는 능력)이 강해 수형이 지저분해지는 경향이 있다. 가지가 땅에 닿으면 그 가지에서 뿌리를 잘 내리며 번식력이 좋다. 이른 봄에 개나리꽃과 유사한 모양의 하얀 꽃이 피고, 향기가 좋으며, 동그란 부채 모양의 열매도 인상적이다. 처음에는 귀한 나무여서 뿌리가 내리는 대로 그냥 두었는데 지금은 가지치기를 해 주고 있다.

가는잎조팝나무 '후지노 핑크'
Spiraea thunbergii 'Fujino Pink'

양지/반양지 | 1~1.5미터 | 14 | 2023.4.4.(만개)
2022.4.10.(봉오리) | 관목

숲새울정원의 조팝나무 종류 중 가장 먼저 꽃이 피는 이 관목은 만개했을 때보다 진분홍빛 봉오리에서 하얀 잎을 터뜨리기 직전의 모습이 가장 아름답다. 그런 모습 때문에 '후지노 핑크'라는 이름이 붙은 것 같다. 만개했을 때에는 분홍색이 아니라 반품되기도 한다는 판매자의 이야기를 들은 적도 있다. 정원에서 15~16년 정도 자랐는데 성장 속도가 더딘 편이라 덩치가 너무 커지지 않아 좋다.

꼬랑사초
Carex mira

양지/반양지 | 30~40센티미터 | 9 | 2022.4.3. | 숙근초

이른 봄 곤봉형의 까만 봉오리가 나와서 미색의 이삭이 달린다. 살랑거리는 잎이 뒤따르는 매력적인 우리나라 자생종이다. 묵은 잎 자르기를 깜빡했다면, 사진과 같이 예쁘게 땋아 보자. 시간이 지나면 당겨서 제거할 수 있다.

복사나무 (품종 미상, 'Pink Pendula'로 추정)
Prunus persica 종류

양지 | 2~3미터 | 2 | 2023.4.7. | 아교목

수양홍도화 또는 수양꽃복숭나무라는 이름으로 유통된다. 가지치기한 상태라 사진은 '수양'이라는 이름이 붙은 나무의 전형적인 모습인 가지가 축 처진 모습은 아니지만 원래는 가지가 늘어지는 나무다. 품종 구분 없이 '수양홍도화'라는 이름으로 유통되기 때문에 판매처에 따라 꽃 모양이 다르기도 하다. 숲새울의 수양홍도화는 진홍색 겹꽃이 핀다.

영산홍 (품종 미상)
Rhododendron indicum

양지/반양지 | 30~90센티미터 | 1, 3, 6 | 2023.4.14. | 관목

―

숲새울에 집을 지었을 때 엄마 친구가 본인 정원에 있는 나무를 파서 선물로 주었다. 지금까지 23년 동안 이곳에서 세 배 정도 자랐다. 아직까지 특별히 가지치기를 해 주지는 않았다.

목련 '지니'
Magnolia 'Genie'

양지 | 3~4미터 | 10 | 2023.4.9.(전경), 2022.4.18.(꽃) | 아교목

―

'아름다운 정원수' 블로그에서 2019년 구입해 식재했다. 블랙핑크의 '제니'를 떠올리며 3년 동안 '제니'라 불렀는데 검색을 해 보니 '지니'였다. 개인적으로 꼽는 가장 좋은 목련이다. 너무 크게 자라지 않고, 꽃이 오래도록 계속 피어나며, 꽃이 질 때 꽃잎이 뒤집혀서 지저분해 보이지도 않기 때문이다.

꽃사과나무 '퍼플 웨이브'
Malus 'Purple Wave'

양지 | 4.5~6미터 | 10 | 2023.4.14. | 아교목

숲새울정원에서 키운 지 10년 정도 되었다. 종묘회사 카탈로그를 훑어보다가 빨간 사과 열매가 너무 예뻐서 구입해 심었다. 진분홍색 홑꽃 여러 개가 산형꽃차례로 달린다. 가지가 하늘로 뻗는 경향이 있어서 비교적 낮은 지대에 식재했다.

흰하늘매발톱꽃
Aquilegia flabellata f. *alba*

양지/반양지 | 20~30센티미터 | 15 | 2023.4.14. | 숙근초

구입해 심은 지 20년 정도 되었다. 여기저기 많이 퍼지는데, 하늘매발톱꽃 종류는 종자로 번식해도 변이가 안 되는 경우가 많다. 흰하늘매발톱꽃도 더디긴 해도 그 모습 그대로 종자 번식이 된다. 다른 매발톱 종류에 비해 키가 작고 꽃잎이 동글동글한 편이다.

유포르비아 폴리크로마
Euphorbia polychroma

양지/반양지 | 30~60센티미터 | 1 | 2023.4.14. | 숙근초

이른 봄, 꽃이 필 것 같지 않아 보이는 유포르비아에서 수선화 못지않은 화려한 노란색 꽃이 피어나 봄 정원을 장식한다. 여름이 무난하게 지나갔던 2022년의 경우, 가을까지 잎이 그대로 남아 있어 예쁜 단풍까지 보여 주기까지 했다. 2023년 유래 없는 폭염 때문에 가지가 다 주저앉아 가을에 단풍이 든 잎을 볼 수 없었다. 거리를 두고 듬성듬성 심어 두면 좋은 정말 괜찮은 정원식물이다.

서부해당
Malus halliana

양지 | 3~5미터 | 10 | 2023.4.10. | 아교목

20년 정도 되었는데, 동네 이웃 정원의 성목을 보고 너무 멋있어서 근처 농원에서 구입해 심었다. 중국 원산으로, 짙은 자주색 꽃자루 끝에 '꽃분홍색' 물감이 번지는 듯한 매혹적인 꽃이 산방꽃차례로 달린다.

무스카리 아르메니아쿰
Muscari armeniacum

양지/반양지 | 15~20센티미터 | 정원 전체 | 2022.4.15. | 구근식물/캐낼 필요 없음

번식력이 좋아 너무 잘 퍼지기 때문에 때때로 캐내어 제거하기도 한다. '마마님'의 말에 따르면 땅 위에 던져 놓아도 잘 사는 식물이다. 의외로 열매 맺힌 모습도 예쁘다.

꽃산딸나무 '레몬 옐로'
Cornus florida 'Lemon Yellow'

양지/반양지 | 4~9미터 | 11 | 2023.4.17. | 교목

국내에서 미산딸나무 '레몬 옐로'로 유통되고 있는데 해외 정식 등록명은 검색이 되지 않는다. 꽃처럼 보이지만 잎이 변해 만들어진 총포 네 장이 레몬색이고 잎에도 무늬가 있다.

소래풀
Orychophragmus violaceus

양지/반양지 | 30~60센티미터 | 정원 전체 | 2022.4.15. 4.25. | 두해살이풀

2020년부터 자주괴불주머니 *Corydalis incisa*와 함께 숲새울정원의 이른 봄을 채워 주는 두해살이풀이다. '보라유채'라고도 불리는데 정명은 '소래풀'이다. 이 식물은 굉장히 잘 퍼지며 제자리를 지키지 않고 마음껏 돌아다니지만 '잡초'라 부르기에는 디자인과 관리 면에서 활용성이 좋다. 소래풀은 일단 굉장히 쉽게 없앨 수 있다. 가을 새싹일 때 두 손가락으로 살짝 우아하게 들어 올리기만 하면 된다. 정원의 디자인을 살펴 가며 살려 둘 곳을 정하고, 나머지는 제거한다. 봄에 꽃대를 달고 올라온 후에도 역시 제거가 쉽다. 세 손가락 정도로 가능하다.

제갈량이 군대의 양식으로 이용했다는 소래풀은 샐러드에 장식용으로 올려도 예쁘고, 화병에 꽂아 두어도 좋다. 공들여 심지 않았는데도 얻을 수 있는 자연의 선물 같다. 어느 정도 관리를 즐기는 정원사가 있는 정원이라면 들이지 않을 이유가 없다. 자연발아도 굉장히 잘 이루어지는데, 씨가 맺히면 엄마는 윌리엄 로빈슨(미술공예운동을 이끌며 자연주의 정원을 주창한 영국의 정원가)처럼 여기저기 씨를 뿌리기도 한다. 딱히 심은 식물이 없고 식물 더미가 항상 쌓이는 계곡 쪽 비탈에 소래풀을 파종해 두면 멋진 광경을 볼 수 있다.

꽃산딸나무 '체로키 브레이브'
Cornus florida 'Cherokee Brave'

양지/반양지 | 4~9미터 | 14 | 2023.4.17. | 교목

―

분명 미국산딸나무인데 한국적 분위기가 물씬 풍기는 것이 참 미묘한 느낌의 나무다. 이 나무는 유사한 품종인 '체로키 치프 Cherokee Chief'에 비해 가지가 많이 나와서 꽃도 더 많이 달린다. 붉은 꽃잎처럼 보이는 것은 '가짜 꽃' 역할을 하는 총포이며, 진짜 꽃은 가운데 두상꽃차례로 자잘하게 모여 있다. 병충해에도 더 강하다고 한다. 꽃산딸나무를 하나 들여야 한다면 이 나무를 추천하고 싶다.

만첩조팝나무
Spiraea prunifolia

양지/반양지 | 1.0~2.5미터 | 10 | 2023.4.17. | 관목

―

보통 '장미조팝'이라 부르는 관목으로 숲새울정원에서 10여 년을 키웠다. 원래 생긴대로 여러 갈래 줄기로 자라게 두었는데, 몇 년 전 엄마가 일본 여행을 하다가 본 나무처럼 키워 보겠다고 아랫부분 잔가지를 정리하고 굵은 가지만 남겼더니 가지가 위로 길게 쭉 뻗는 모습이 되었다. 봄에 자잘하고 하얀 꽃이 잔뜩 피면 로맨틱한 광경을 연출한다.

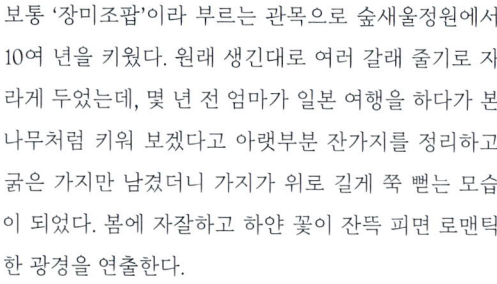

일본조팝나무 '골드 마운드'
Spiraea japonica 'Gold Mound'

양지 | 60~90센티미터 | 5 | 2023.4.17. | 관목

황금빛으로 유지되는 잎의 색상 때문에 '황금조팝'이라는 이름으로 유통되는 품종이다. 한번 꽃이 핀 후 새순이 나오기 시작할 때 가지치기를 해 주면 새순과 꽃이 다시 나온다. 처음 붉은색 잎이 피어나서 황금색에서 다시 녹색으로 변하는 일본조팝나무 '골드플레임 Goldflame'과는 다른 식물이다. 숲새울정원에서는 1년에 세 번 정도 전정해 준다. 늦가을까지 꽃이 핀다.

베로니카 아우스트리아카
Veronica austriaca

양지 | 15~20센티미터 | 5 | 2023.4.17. | 숙근초

숲새울정원에서 가장 먼저 피는 꼬리풀 종류 중 하나다. 구매처 기록이 없어 정확한 이름을 동정하기가 어려운데 베로니카 아우스트리아카로 추정하고 있다. 푸른빛이 도는 보라색 꽃이 총상꽃차례로 핀다. 숲새울정원에서는 일본조팝나무 '골드 마운드'(황금조팝)와 어우러져 있다.

프레이저홍가시나무 '레드 로빈'
Photinia × fraseri 'Red Robin'

양지/반양지 | 1.5~3미터 | 3 | 2023.4.17. | 관목

추위에 강하다. 심은 첫해에 별도로 보온을 해 주지 않았는데도 겨울을 잘 났다. 남쪽 지방에 가면 붉은 잎이 꽃처럼 예쁜 홍가시나무로 만든 산울타리를 자주 볼 수 있는데, 중부 이북에서는 월동하지 못하니 심을 수 없어 아쉬웠다. 하지만 이 품종이 추위에 강하다는 말을 듣고 심어 보았는데 정말 잘 자란다. 상록성이며, 붉은 잎이 겨우내 짙은 자주색으로 남아 있다. 아래쪽 영산홍은 처음 조경공사를 할 때 업체에서 바위 사이사이에 심어 주고 간 것이다. 나 홀로 화려한 경향이 있어 지금은 많이 정리한 상태다.

매화말발도리
Deutzia uniflora

양지/반양지 | 1~2미터 | 10 | 2023.4.17. | 관목

숲새울정원의 한 자리를 차지하고 있는 과묵한 돌개구리 조형물을 아늑하게 감싸 주는 우리나라 토종 관목으로 바위틈에 심어야 멋스럽다. 실제 야생에서 자라는 매화말발도리도 주로 바위틈에 뿌리를 내리고 자라난다. 숲새울정원의 끝자락에 매화말발도리 자생지가 있는데, 그곳을 정리하다 떨어져 나온 작은 개체의 뿌리를 옮겨 돌 사이에 끼우고 밭 흙을 채워 넣고 심었다.

산옥매 '알바 플레나'
Prunus glandulosa 'Alba Plena'

양지/반양지 | 1.5~2.5미터 | 6 | 2023.4.17. | 관목

―

맹아력이 너무 좋아서 옆쪽에서 싹이 자꾸 나오는데 나오는 대로 다 잘라 주고 외목대(하나의 굵은 몸통)로 유지하고 있다. 시중에서는 주로 꽃이 흰 것을 '옥매', 붉은 것을 '홍매'라 부른다. 잎이 무성해지기 전에 화려한 흰색 겹꽃이 피며, 잎은 가을에 노랗게 물든다.

분꽃나무
Viburnum carlesii

양지 | 2~3미터 | 10, 14 | 2022.4.18. | 관목

―

영천에 사는 아는 사람 정원에서 묘목을 얻어와 삽목(식물의 가지, 줄기, 잎 따위를 자르거나 꺾어 흙 속에 꽂아 뿌리를 내리게 하는 일)해서 개체 수를 늘렸다. 주변 사람들에게 나누어 주고 남은 세 그루가 성목이 되었고, 20년 정도 숲새울정원을 지키고 있다. 우리나라 자생종이며 낙엽성 관목으로 분류되어 있는데, 숲새울정원에서는 크게 기른다. 세 그루 분꽃나무의 꽃이 만개하면 정원에 향기가 가득하다. 진분홍색 꽃봉오리에서 하얀 꽃잎이 터지며 개화하는 모습이 매력적이다.

철쭉
Rhododendron schlippenbachii

양지/반양지 | 2~3미터 | 12 | 2022.4.18. | 관목

원예종 같이 생겼지만 한국 원산이며 '연달래'라고도 부른다. 우리가 도시에서 많이 보는 철쭉은 대부분 산철쭉이다. 꽃과 잎도 산철쭉과는 조금 다르게 생겼다. 철쭉의 잎이 산철쭉보다 더 동글동글하다. 이 나무는 숲새울정원에서 원래 자라던 나무로 전정을 한 지금의 모습이 아주 멋지다. 봄 햇살이 투과하는 연분홍빛 꽃을 보고 있으면, 왠지 '철쭉'보다 '연달래'로 부르고 싶은 마음이 커진다.

앵초
Primula sieboldii

반양지 | 15~20센티미터 | 10, 14 | 2022.4.18. | 숙근초

숲새울정원 자생종으로 축축한 환경을 좋아한다. 보랏빛 꽃은 다섯 장의 하트 모양 꽃잎으로 이루어져 있으며, 줄기 끝에 산형꽃차례로 달려 꽃을 피운다. 잎과 줄기에 뽀얀 잔털이 나며, 휴면기 동안 잎이 남아 있다.

프리뮬라 종류
Primula

양지/반양지 | 25~30센티미터 | 11 | 2022.4.18. | 숙근초

처음에는 프리뮬라 베리스 *P. veris*로 알고 있었으나, 검색해 본 결과 원예종으로 보인다. 꽃은 프리뮬라 엘라티오르 *P. elatior*와 비슷한데 정확한 이름을 동정할 수 없다. 어쨌든 지나치게 퍼지지 않고 수명이 길다. 밝은 레몬색 꽃이 바위와 대조를 이루어 더욱 화사해 보인다. 원래 종자로 퍼지는 편인데, 숲새울정원에서는 본 적이 없다. 하지만 포기나누기로 많이 번식시킬 수 있다. 이 식물 앞쪽으로는 풀솜대가 자라고 있다.

홀아비꽃대
Chloranthus quadrifolius

양지/반양지 | 20~40센티미터 | 13 | 2022.4.19. | 숙근초

귀엽고 청초한 꽃이 피는 이 식물에게 왜 '홀아비꽃대'라는 이름을 붙였는지 모르겠다. 꽃처럼 보이는 하얀 실 같은 것은 암술머리다. 홀아비꽃대의 꽃은 꽃잎이 없고 암술은 자루 없이 암술머리와 씨방만으로 이루어져 있는 독특한 모습이다. 역시 숲새울정원 자생이며 자리도 잘 잡고 번식도 잘한다. 열매가 달리기 시작하는 5월의 모습도 특이하다. 꽃이 지면 잎이 풍성하게 올라와 일본나도승마 *Kirengeshoma palmata*와 청화금매화(유통명) *Deinanthe caerulea* 사이를 채워 주는 좋은 정원식물이다.

노란해당화 '카나리 버드'
Rosa xanthina 'Canary Bird'

양지 | 1.5~3.5미터 | 9 | 2023.4.20. | 관목

남부지방에서 요즈음 많이 심는 목향장미*Rosa banksiae*는 내한성이 다소 약해 숲새울정원에서는 키울 수 없다. '노란해당화'라는 이름으로 유통되고 있는 '카나리 버드' 품종은 목향장미에 비하면 다소 수수한 외관이지만, 홑꽃을 좋아하는 엄마에게 훌륭한 목향장미 대체 식물이 되었다. 아치에 올리기보다 정원 구조물에 얹어 가지가 횡으로 뻗도록 디자인했다. 봄바람을 타고 우아하게 살랑거리는 모습이 아름답다. 어느 농원에서 성목을 발견했는데, 판매하지 않는다고 해서 아쉬워하다가 온라인에서 판매하는 묘목을 발견하고 바로 구입했다. 숲새울정원에서 자란 지 5년 정도 되었다.

아로니아 아르부티폴리아
Aronia arbutifolia

양지/반양지 | 1.8~3미터 | 2 | 2023.4.20 | 관목

'꼭지윤노리'라는 이름의 나무를 구매했는데, 윤노리나무와는 전혀 상관없는 아로니아로 밝혀졌다. 아로니아 아르부티폴리아는 국내에서 꼭지윤노리 또는 섬개야광으로 잘못 표기되어 유통되고 있는 경우가 많다. 실제 윤노리나무는 구하기 어려운 나무라고 한다. 올해 엄마가 아는 분에게 진짜 윤노리나무 작은 묘목을 얻었는데, 어떤 모습으로 자랄지 기대가 된다.

붉은칠엽수
Aesculus pavia

양지/반양지 | 3.5~4.5미터 | 2 | 2023.4.20. | 아교목

———

북미 원산이다. 예전에 종로5가에 있는 특이한 수종을 판매하는 곳에서 회초리 같은 모종 다섯 개를 사서 하나만 심고 동네에 나누어 주었는데, 숲새울정원에서만 살아남았다. 아무래도 회초리 같은 묘목은 관리가 까다롭기 때문인 것 같다. 이름 그대로 좁은 대롱 모양의 붉은색 꽃이 핀다.

인디언앵초
Dodecatheon meadia

양지/반양지 | 20~30센티미터 | 5 | 2022.4.22. | 숙근초

———

꽃이 인디언들이 쓰는 모자 모양과 비슷하다고 이런 이름이 붙었다고 한다. 잘 자라고 월동도 잘한다. 이른 봄에 보라색 꽃이 피고 여름에 휴면하는데, 우리나라 자생 앵초와는 달리 잎이 사라지기 때문에 식재한 장소를 기억해 둘 필요가 있다. 숲새울정원에서는 화단뿐만 아니라 엄마가 만든 도자기 화분에도 심어 놓았다. 포기나누기로도 잘 번식한다. 꽃을 보고 잎이 사라질 즈음 포기나누기를 하면 된다.

삼지구엽초
Epimedium koreanum

반양지 | 30~40센티미터 | 10 | 2022.4.27. | 숙근초

숲새울정원 자생종이다. 원가지에서 가지가 세 갈래로 갈라지고 다시 또 세 갈래로 갈라진다 해서 '삼지구엽'이라는 이름이 붙었다고 한다. 독특한 모양의 연한 노란색 꽃이 한창 필 때 잎에 가려지기 십상이라 꽃을 보려면 쭈그리고 앉아 들여다보아야 한다는 점이 아쉽다. 계단이나 오르막길의 높은 곳에 심으면 괜찮을까 고민하고 있다.

눈개승마 종류
Aruncus

양지/반양지 | 90~100센티미터 | 10 | 2023.4.27. | 숙근초

강원도의 아는 사람에게서 얻어 심은 국내 자생종이다. 노루삼속 개승마로 알고 있었는데, 눈개승마속에 속하는 것으로 보인다. 눈개승마 *A. dioicus*보다 몸집이 작고 일찍 꽃을 피우기 때문에, 확실히 다른 식물로 보이지만, 정확한 이름을 동정할 수 없다. 화려하지는 않지만 하얗게 올라오는 꽃대가 단아하다. 꽃이 활짝 피면 긴 수술이 마치 가느다란 하얀 실을 묶어 풀어 놓은 것 같다. 꽃이 진 후의 모습은 좀 지저분한 편이다.

가침박달
Exochorda serratifolia

양지/반양지 | 1.8~2.4미터 | 10 | 2023.4.27. | 관목

숲새울정원에는 경사진 꽤 넓은 길이 있는데, 이 길에는 목련 '지니'를 시작으로 봄에 꽃을 피우는 여러 나무가 있다. 원래 이곳에는 이 길을 단번에 하얗게 빛나는 '버진 로드'로 만들어 주는 숲새울정원 자생종 가침박달 세 그루가 있었다. 회초리 같던 나무를 화원에서 구입해 10년 정도 키웠는데, 안타깝게도 그중 두 그루는 가지를 파고들어 진액을 빨아 먹는 알 수 없는 벌레에 피해를 입어 지금은 사라지고 없다. 남아 있는 가침박달 역시 상태가 좋지 않다. 유리알락하늘소가 범인으로 의심된다. 검색을 해 보면 가침박달은 병충해에 강하다는데 무엇이 문제일까 늘 궁금하다.

바위취
Saxifraga stolonifera

반양지/음지 | 15~45센티미터 | 13, 14, 15 | 2023.4.27. | 숙근초

숲새울정원 자생종이다. 다섯 장의 꽃잎 중 두 장이 가늘고 길며 나머지 세 장에는 붉은빛 점이 있다. 여름에 하얀 꽃을 피우는데, 바위를 배경으로 매우 사랑스러운 풍경을 연출한다. 호랑이의 귀를 닮은 솜털이 자잘한 잎 모양 때문에 '호이초虎耳草'라고도 부른다. 미주리식물원 식물 정보에 Zone 6~9로 표기되어 있으나, 숲새울정원에서 수월하게 월동한다.

둥굴레
Polygonatum odoratum var. pluriflorum

반양지/음지 | 30~50센티미터 | 13, 14, 15 | 2023.4.27. | 숙근초

일부러 심지 않았는데 어느 날 정원에 나타나 널리 퍼졌다. 뿌리줄기를 먹는 백합과 식물로 유명하지만 줄기에 난 잎자루가 없는 잎 사이 사이에 줄지어 달리는 하얀 꽃도 아주 예쁘다.

등대꽃나무 '레드 벨스'
Enkianthus campanulatus 'Red Bells'

양지/반양지 | 1.8~3미터 | 10 | 2023.4.28. | 관목

온라인 동호회에서 구입했다. 튤립꽃 같기도 하고 작은 방울 같기도 한 붉은색 꽃이 매달린 모습이 정말 귀엽다. '방울철쭉'이라는 이름으로 주로 유통된다. 원래는 더 진한 색 꽃이 달리는 품종을 구매하고 싶었는데 너무 빠르게 품절이 되어 구하지 못했다. 요즘 다시 많이 유통되는 것 같아 다시 사야 하나 고민하고 있다.

크산토케라스 소르비폴리움
Xanthoceras sorbifolium

양지 | 2~5미터 | 2 | 2023.4.28. | 아교목

'기름밤나무'라는 이름으로 유통된다. 젓가락만 한 묘목을 코로나19가 유행하기 몇 년 전에 심었고, 7년 정도 숲새울정원에서 자랐다. 중심부가 붉은빛을 띤 하얀 꽃이 풍성하게 달리는 모습도 예쁘고 내한성도 좋은 편이다. 까만 열매가 깍지 안에 맺히는데, 동백나무 열매처럼 기름을 짤 수 있다고 한다.

벌깨덩굴
Meehania urticifolia

반양지 | 15~30센티미터 | 10 | 2023.4.28. | 숙근초

숲새울정원 자생종이다. 얼핏 보면 잡초 같지만, 정원 한쪽에 무리 지어 키우면 꽤 훌륭한 지피식물이 된다. 보랏빛 꽃도 아주 예쁘다. 꽃이 지고 열매를 맺을 때쯤 줄기가 옆으로 누우며 번식한다. 벌이 좋아하는 식물로 꽃잎 한쪽에 보라색 점처럼 보이는 '허니 가이드'가 있다. 포천 국립수목원 자생지의 경우 숲속 그늘진 곳에서 띄엄띄엄 거리를 두고 번식하고 있었는데, 그 모습도 매우 아름다웠다. 자생종이 정원에 들어오면 양분 공급과 관리 때문인지 야생의 모습에 비해 꽃도 크고 왕성하게 자라는 것처럼 느껴진다.

괴불나무
Lonicera maackii

반양지 | 1.5~2미터 | 14 | 2022.4.29. | 관목

자생식물을 파는 곳에서 구입해 심었다. 숲새울정원의 분위기와 잘 어울리는 한국 자생종이다. 인동과 식물이라 꽃도 인동덩굴과 비슷하게 생겼다. 꽃이 마주나는 잎 사이에서 핀다. 화려하지는 않아도 소박하지만 우리의 정서가 느껴지는 자생종들이 정원의 한 부분을 차지하고 있어서 좋다.

설구화 (품종 미상)
Viburnum plicatum

양지/반양지 | 2.5~4.5미터 | 12 | 2023.4.29. | 관목

―

종묘상에서 구입해 심었는데, 숲새울정원에서 약 15년 정도 자란 것 같다. 하얀 눈을 뭉쳐 놓은 것 같다 해서 이름이 설구화가 되었다고 한다. 꽃은 처음에는 연녹색이었다가 점차 흰색으로 변하며, 꽃잎처럼 보이는 것은 모두 헛꽃이다. 불두화꽃과 비슷하게 생겼지만 잎 모양이 많이 다르다. 불두화 잎은 세 갈래로 갈라지지만, 설구화 잎은 동그란 하트 모양이다. 가지치기 외에는 특별한 관리가 필요 없는 식물이다. 설구화는 일본 자생인 털설구화 *Viburnum plicatum f. tomentosum* (やぶでまり)의 변이종이며 다양한 품종이 유통된다.

큰꽃으아리
Clematis patens

양지/반양지 | 2~4미터 | 12 | 2023.4.29. | 덩굴성 관목

―

숲새울정원 자생종이다. 어두운 숲속에서는 꽃을 잘 피우지 못하지만, 정원 환경에서는 꽃을 잘 피운다. 원예종 클레마티스와는 달리 차분하고 우아한 느낌의 커다란 하얀 꽃이 핀다. 사실 큰 꽃잎처럼 보이는 것은 꽃받침 조각으로, 꽃잎은 없다. 꽃받침 조각이 떨어지면 수많은 암술대가 회오리치는 모양으로 뭉친 모습이 나타나는데 그것도 멋있다.

얼레지 '파고다'
Erythronium 'Pagoda'

반양지 | 30~40센티미터 | 10 | 2022.4.18. |
구근식물/캐낼 필요 없음

'노랑얼레지'라는 이름으로 파는 식물을 구입해 심었다. 심은 지 10여 년 되었는데 자리가 마음에 안 드는지 많이 퍼지지는 않고 있다.

윤판나물
Disporum uniflorum

반양지/음지 | 60~90센티미터 | 12 | 2023.4.27. | 숙근초

숲새울정원 자생종으로 잘 퍼진다. 백합과 식물인 윤판나물은 꽃대가 올라올 때의 모습이 참 예쁘다. 아래를 향해 달리는 나팔 모양의 노란색 꽃이 지면 둥글고 검은 열매가 열리며 잎에 단풍도 든다.

움벨라툼오니소갈룸
Ornithogalum umbellatum

양지/반양지 | 15~30센티미터 | 6 | 2023.4.28. |
구근식물/캐낼 필요 없음

구근식물이다. 무스카리만큼이나 잘 퍼져서 들어내야 하는 경우가 많다. 하지만 우아한 여섯 장의 하얀 꽃잎이 참 예쁘고, 벌이 매우 좋아한다.

진황정
Polygonatum falcatum

반양지/음지 | 50~60센티미터 | 4 | 2023.4.29. | 숙근초

따로 심지 않았는데 정원에 나타나 자라고 있다. 잎이 대나무 잎을 닮아 '댓잎둥굴레'라고도 불린다. 시원시원하게 뻗은 줄기가 소나무 군락과 잘 어울린다. 그냥 둥굴레는 잎 모양이 달라서 구분할 수 있다.

붉은병꽃나무
Weigela florida

양지/반양지 | 1.5~2미터 | 10 | 2022.4.29. | 관목

———

양구의 아는 사람에게서 얻은 묘목을 돌 틈에 심었다. 나팔 모양 진분홍색 꽃이 예쁜 우리나라 자생종이며, 훌륭한 정원식물이다. 가을에 가늘게 갈라지는 열매 꼬투리도 꽃처럼 예쁘다. 이전에는 소영도리나무로 분류되었으나 현재는 붉은병꽃나무로 통합되었다.

보리

Hordeum vulgare

양지/반양지 | 50~100센티미터 | 5, 6, 7 | 2023.4.29. | 한해살이풀

가을에 직파해 둔 씨가 겨울을 나면 봄에 싹을 틔워 예쁘게 자라난다. 보리 이삭이 예뻐서 관상용으로 심었다. 7년 전 엄마가 고향에 들렀다가 보리 이삭 말린 것을 보고, 옛날 시골 보리밭을 추억하고 싶어 몇 줄기 가져다가 심었는데, 숲새울정원의 분위기와 잘 어울린다.

서양산사나무 '폴스 스칼렛'
Crataegus laevigata 'Paul's Scarlet'

양지 | 3~5미터 | 15 | 2023.4.29. | 아교목

———

'홍화산사'라는 이름으로 유통되는 품종으로, 꽃 중심부가 하얀 진분홍색 겹꽃이 핀다. 굵기가 새끼손가락만 한 묘목을 열 주 구입해 주변 사람들에게 나누어 주고 두 주만 심었는데, 식재 장소에 따라(토심과 일조량의 차이) 크기가 세 배 정도 차이 난다. 서양산사나무 열매는 산사나무 열매와는 달리 흰 점이 없고 매끈하다.

아그배나무
Malus toringo

양지 | 3~5미터 | 9 | 2022.4.27. | 아교목

———

숲새울정원에서 자란 지 20년 되었다. 처음에는 두 그루가 있었는데, 너무 그늘이 져서 한 그루는 베어 냈다. 빨갛게 달리는 열매가 참 예쁜데, 한창 예쁠 때 물까치가 다 먹어 버리는 것이 흠이다. 연못가에 심은 아그배나무는 꽃비가 내릴 때 환상적인 분위기를 연출한다. 1년 전 강전정을 해서 키를 낮추었다. 새로 난 가지에 세 개에서 다섯 개로 갈라지는 잎이 나타나는 것이 특징이다.

은방울수선 (품종 미상)
Leucojum aestivum

양지/반양지 | 30~45센티미터 | 10, 12 | 2023.4.20. |
구근식물/캐낼 필요 없음

―

숲새울정원에서 자라는 은방울수선은 수명이 길지 않다. 3~4년 지나면 소멸되는 것 같다. 꽃이 왕성하게 나오지 않는 것을 보면 이곳이 은방울수선이 자라기에 적절한 환경이 아닐 수도 있다. 식재된 곳의 일조량이 부족할 수도 있다는 생각이 든다. 좀 더 양지바른 다른 장소에 구근 몇 개를 식재해 두었으니, 비교해 볼 수 있을 것 같다. 종소명 *aestivum*은 '여름의'라는 뜻을 담고 있다. 그래서 영어권에서는 은방울수선을 여름 눈송이라는 의미의 서머 스노플레이크 summer snowflake 라고도 부른다. 물론 지역에 따라 다르겠지만 숲새울정원과 유사한 환경일 경우 4월 말쯤 꽃이 피는데 왜 이름에 '여름'이 붙었는지 의아하게 여기는 사람이 많다. 아마도 여름이어도 기온이 낮은 북유럽에서 이름이 지어졌을 가능성이 크다고 추정된다.

숲새울정원의 매발톱 이야기

"인생은 초콜릿 상자와도 같다. 당신이 무엇을 얻게 될지 모르기 때문이다."
―영화 〈포레스트 검프〉 중에서

매발톱 Aquilegia은 자연적으로 교배종이 자주 출현하는 식물 중 하나다. 씨로도 자연파종 self-seeding이 잘 일어나고 한번 자리 잡으면 몇 년 동안 건강하고 매력적인 모습으로 정원의 공간을 채워 준다. 길게 뻗은 줄기 끝에 달려 바람에 이리저리 흔들리는 매의 발톱을 닮은 꽃송이가 화려한 장미꽃과 작약꽃이 만개하는 정원의 클라이맥스를 위한 전주곡이 되어 준다.

숲새울정원의 다양한 매발톱 변종의 시작은 내가 미국에서 공부하고 있을 때 엄마의 요청으로 집으로 보낸 품종을 알 수 없는 매발톱 씨 한 봉지다. 엄마의 기억으로는 연분홍색 꽃을 피우는 매발톱이 그 시작이라고 한다. 그로부터 약 18년 정도가 지났고, 그동안 부지런한 벌들 덕분에 전혀 예측할 수 없는 새로운 매발톱이 출현하여 큰 즐거움을 누리고 있다.

어느 해부터인가 거의 검은빛 자주색에 가까운 탁하고 짙은 색 꽃을 피우는 매발톱이 점점 많이 생겨났다. 나는 엄마에게 너무 짙고 채도가 낮은 매발톱은 봉우리가 열리기 전에 제거하자고 제안했고, 그 결과 좀 더 밝고 다양한 색의 꽃을 피우는 매발톱을 정원에서 계속 볼 수 있었다. 꽃의 색상이 각기 다른 종류의 곤충들을 유도한다니, 생물 다양성에도 도움이 될 것이다. 만약 동일한 개체를 원한다면, 본 개체 주변으로 돋아나는 새싹을 바짝 잘라 삽목하는 방법 basal cutting도 있다. 주로 '하늘매발톱'이라는 이름으로 유통되는, 일본에서 육종된 키가 작은 하늘매발톱꽃 Aquilegia flabellata은 씨로 번식해도 그 형질을 잘 유지하는 것으로 보인다.

숲새울정원은 크게 두 단으로 구분되는데, 그 사이에 암석으로 축대를 쌓았다. 그 사이사이에서 일본매자나무 *Berberis thunbergii*를 비롯해 여러 관목과 초화류가 자라고 있다. 엄마는 또 다시 윌리엄 로빈슨에 빙의되어 이 축대 면에도 이런저런 매발톱 씨를 흩뿌린다. 암석 사이사이에서 자라나는 매발톱은 정말 매력적이다. 이제는 숲새울정원에서 꽃잎의 모양이 두 겹, 세 겹, 그리고 보닛(bonnet, 뒤에서부터 머리 전체를 싸듯이 가리고 얼굴과 이마만 드러낸 모자) 형태까지 아주 다양한 매발톱을 볼 수 있다. 내년에는 또 어떤 마법이 일어날지, 매발톱의 가지각색 얼굴들을 들여다볼 때마다 언제나 마음이 설렌다.

꽃이 별 모양인 매발톱.

꽃잎이 세 겹인, 새로 나타난 보닛 형태의 매발톱꽃.

모체에 가장 가까운 것으로 보이는 연분홍색 꽃을 피우는 매발톱.

오렌지색 꽃을 피우는 홍철쭉과 대비를 이루며 매발톱이 매년 매력적인 자태를 뽐낸다.

숲새울정원의 다양한 매발톱.

숲새울정원의 5월 식물

유채
Brassica napus

양지 | 80~130센티미터 | 5, 6 | 2022.5.2. | 두해살이풀

―

어디선가 씨가 날아와 정원에서 유채가 나오기 시작했다. 번식력이 너무 좋아 잡아 주는 편인데, 디자인을 고려해서 분위기에 어울리는 한두 개체 정도는 남겨 둔다.

레우코토이 폰타네시아나
Leucothoe fontanesiana

반양지/음지 | 90~180센티미터 | 1 | 2022.5.9. | 관목

―

'바위남천'이라는 이름으로 유통된다. 종묘회사에서 구입했고, 바위틈에서 자란다고 해서 바위 위에 심었다. 방울 모양의 흰색 꽃과 늘어지는 가지의 선이 예쁜 식물이다.

애기말발도리 (품종 미상)
Deutzia gracilis

양지/반양지 | 30~50센티미터 | 10 | 2023.5.10. | 관목

―

산골짜기 돌 틈에서 자라는 관목으로 자잘한 흰색 꽃이 산방꽃차례로 달린다. 숲새울정원에서 20년쯤 살고 있는데, 짧게 잘라서 관리하고 있다.

튤립 '그린 웨이브'
Tulipa 'Green Wave'

양지 | 30~50센티미터 | 9 | 2021.5.2. | 구근식물/
한해살이풀 (원예종 튤립은 한해살이풀로 여긴다)

———

패럿 parrot 튤립(가장자리가 깃털 모양이거나 이리저리 비틀어지고 깊은 주름이 있으며 화려한 무늬가 있는 튤립) 종류인 '그린 웨이브'는 숲새울정원 같은 자연주의 코티지 가든 디자인에 잘 녹아든다. 개화기가 길며, 다소 튀는 분홍색 색상을 초록색과 미색이 부드럽게 감싸 준다. 이 튤립은 흩뿌려 심기보다 모아 심는 것이 좋아 보인다.

모란 (품종 미상)
Paeonia × suffruticosa

양지/반양지 | 90~150센티미터 | 6 | 2022.5.2. | 관목

———

모종 여러 개를 구입했는데, 서너 개 남고 사라졌다. 이 품종은 재래종 모란에 비해 약한 것 같다. 목본인 모란의 장점은 줄기가 남아 있다는 것, 단점이라면 개화기가 짧다는 것이다. 탐스러운 붉은색 꽃이 지면 잎을 정리해 주어 멋들어진 가지가 드러나도록 관리하면 좋다. 다섯 갈래로 갈라진 모란 열매도 독특하다.

산조팝나무
Spiraea blumei

양지/반양지 | 2~3.5미터 | 14 | 2022.5.3. | 관목

———

영천의 아는 사람 정원에서 작은 묘목을 데려왔다. 숲새울정원의 멋진 돌 아치 구조물을 휘감는 식물이다. 꽃봉오리가 맺히고 꽃이 만개할 때까지 정원의 경관을 환하게 밝혀 준다. 흰색 꽃은 산형꽃차례로 달리며 잎은 다른 조팝나무 종류와는 다르게 둥글넓적하다.

독일붓꽃 (품종 미상)
Iris × germanica

양지/반양지 | 60~120센티미터 | 정원 전체 | 2022.5.9. | 근경식물

———

처음 이사 왔을 때, 아랫집에서 얻어다 심었다. 번식력이 강해 숲새울정원에서는 흔하다는 의미로 '흔둥이' 붓꽃이라 부른다. 아이리스 종류의 특성상 개화기가 길지 않고 꽃이 진 후 지저분해지기 때문에 꽃이 핀 후 꽃대를 따 주는 편이다. 독일붓꽃 종류는 뿌리줄기(근경, 根莖, rhizome)로 되어 있어, 습하지 않게 뿌리줄기 윗부분을 약간 땅 위에 올라오도록 심는 것이 좋다.

붉은꽃칠엽수 (품종 미상)
Aesculus × carnea

양지/반양지 | 5~10미터 | 11 | 2005.5.5./2023.5.11. | 교목

처음 정원 공사를 할 때 안성에 있는 어느 농장에서 발견한 칠엽수 종류다. 왕성하게 꽃을 피우던 나무가 갑자기 죽었는데, 그 자리에 떨어진 열매가 묘목이 되었고, 온실 뒤편에서 멋지게 자라고 있다(아래 사진). 나머지 열매들을 아빠가 발아시켜 숲새울정원 산자락에 심고 묘목으로 키워 냈다. 그중 몇 주는 멧돼지와 고라니의 습격으로 죽어 버렸고, 나머지는 모두 지인들에게 나누어 주었다. 아빠가 매해 붉고 탐스러운 꽃이 활짝 피었을 때 그 모습을 기록해 놓으라고 했는데, 오른쪽 위 사진이 2005년 어린이날에 촬영한 것이다.

버들잎정향풀 (추정)
Amsonia salicifolia

양지/반양지 | 60~90센티미터 | 5 | 2023.5.11. | 숙근초

―――

정향풀은 교잡이 잘되는 식물 중 하나다. 국내에서 유통되는 도입 정향풀 종류를 보면 같은 이름이라도 잎의 모양이 조금씩 다른 경우가 있다. 별정향풀과 꽃의 모양이 비슷한데 잎의 모양이 좀 더 길쭉하고 매끈한 것으로 보아 버들잎정향풀 같지만, 정확히 동정하기 어렵다. 푸른빛이 도는 길고 가느다란 꽃잎이 인상적이다. 해외에서는 버들잎정향풀을 별정향풀 *A. tabernaemontana*의 변종인 *A. tabernaemontana* var. *salicifolia*로 분류한다.

정향풀
Amsonia elliptica

양지/반양지 | 50~60센티미터 | 14 | 2023.5.14. | 숙근초

―――

20년 전 아는 사람에게서 받은 식물로, 숲새울정원의 터줏대감이 된 우리나라 정향풀이다. 2017년에 '멸종위기 야생생물 II급'으로 신규 지정되어 더욱 귀하게 느껴진다. 정향풀 종류 중 가장 좋아한다. 가느다란 꽃의 모양과 코발트 블루 색상이 신비롭게 어우러져 마지막 꽃이 질 때까지 들여다 보게 된다.

케린테 마요르 '푸르푸라스켄스'
Cerinthe major 'Purpurascens'

양지 | 30~60센티미터 | 3 | 2019.5.14. |
한해살이·두해살이풀

씨로 자연번식도 하지만 확실한 방법은 모종을 내는 것이다. 종 모양으로 매달린 보랏빛 꽃이 예쁘다.

게라니움 [로잔]
Geranium ROZANNE®

양지/반양지 | 50~60센티미터 | 14 | 2023.5.14. | 숙근초

게라니움 품종 중 숲새울정원에서 가장 번식력이 좋고 꽃대도 많이 나와 추천할 만한 품종이다. 사진은 이미 씨송이가 달린 모습인데, 연분홍색 꽃이 피는 장미 하부에 채움식물로 심으면 색상과 질감 면에서 잘 어울린다.

뱀무 '마이 타이'
Geum 'Mai Tai'

양지/반양지 | 30~60센티미터 | 7 | 2023.5.11. | 숙근초

뱀무 종류는 강건하고 번식력이 좋다고 알려져 있어서, 국내 정원에서 흔히 볼 수 있는 주황색 꽃이 피는 뱀무 '보리시Borisii'에 이어 요즈음 다양한 외래종 뱀무가 도입되고 있다. 신비한 느낌의 노란빛이 도는 연한 주황색 꽃잎에 반해 구입한 '마이 타이'가 주변의 아스트란티아 마요르 '로마'의 꽃봉오리와 잘 어울린다.

붓꽃
Iris sanguinea

양지 | 30~60센티미터 | 3 | 2023.5.14. | 숙근초

푸른빛 보라색 꽃을 피우는 우리나라 자생 붓꽃으로 종자로 왕성하게 번식한다. 꽃이 작은 편이라 진 후의 모습이 딱히 지저분해 보이지 않아 굳이 꽃대를 제거하지 않는다. 씨송이의 모습도 단아하고 예쁘지만, 종자 번식을 피하려면 씨송이를 제거하는 것이 좋다.

살비아 프라텐시스 (품종 미상)
Salvia pratensis

양지 | 40~60센티미터 | 5 | 2022.5.15. | 숙근초

―

아는 사람의 정원에서 너무 잘 퍼진다고 해서 가져와 심었는데, 우리 정원에서는 금세 사라졌다. 좀 더 척박한 곳을 좋아하는 것 같다. 흰색 부터 연분홍빛, 진분홍빛, 푸른빛이 도는 보라색 등 품종 별로 다양한 색의 꽃이 핀다.

오리엔탈양귀비
Papaver orientale

양지 | 90~120센티미터 | 5 | 2023.5.14. | 숙근초

―

'숙근양귀비'로 많이 알려져 있다. 17~18년 전에 굉장히 비쌀 때 구입한 식물로, 주름진 꽃잎과 커다랗고 화려한 꽃, 독특한 모양의 열매가 매력적이다. 구입한 그해 꽃을 보고 뿌리를 가위로 잘라서 개체 수를 늘렸다. 자연발아는 잘 안되지만, 씨를 모판에 심어 키우면 아주 잘 자란다. 자리 잡기 전까지 잘 녹아 버리기 때문에 경쟁에 약한 편이다. 다양한 꽃 색의 오리엔탈양귀비를 심어 보았는데, 연분홍색과 빨간색이 오래 유지되고, 그 외의 특이한 품종들(연한 파스텔톤 또는 꽃잎 끝이 많이 갈라지는)은 오래가지 않는다. 품종의 문제인지 해당 식물의 문제인지는 정확히 알 수 없다.

올라야 그란디플로라
Orlaya grandiflora

양지 | 60~90센티미터 | 전 구역 | 2021.5.31. | 한해살이·두해살이풀

샤스타데이지를 대신하여 5월 숲새울정원의 전반적인 채움식물이 된 식물이다. 어느 카페에서 마치 레이스 같은 흰색 꽃이 만발한 모습을 보고 엄마가 적극적으로 정원에 도입했다. 숙근초이며 종자 번식이 왕성한 샤스타데이지에 비해 쓰임새나 씨송이의 모습이 아름답다. 하지만 두해살이풀이라 매해 종자를 채취하여 심어 주어야 하는 번거로움이 있다. 자연발아도 하지만 원하는 결과를 얻으려면 직접 씨를 채취하여 심는 편이 효과적이다. 사진 속 개양귀비 *Papaver rhoeas*는 둘째 조카가 엄마 생일 선물로 드린 꽃씨로부터 나왔다. 꽃씨를 선물하는 그 마음이 참 귀엽고 기특하다. 숲새울정원의 경우, 장마 전에 올라야 그란디플로라를 모두 뽑아서 정리하는데, 뽑아 둔 식물을 며칠 말린 후(장마철에는 건조기의 도움을 받아 실내에서 말린다) 가위를 이용해 씨 부위를 잘라 채종한다. 건조시킨 씨는 장마가 지난 후 가을 즈음에 원하는 정원 장소에 심어 준다. 발아율이 높은 편이다. 가을에 새싹이 나와 겨울에 월동하고 다음 해 5월 만개한다. 만약 봄에 씨를 심는다면, 가을에 꽃을 볼 수 있다.

백선
Dictamnus dasycarpus

양지/반양지 | 60~90센티미터 | 14 | 2023.5.14.(꽃) 2022.5.26.(애벌레) | 숙근초

뿌리가 희고 깨끗해서 백선白鮮이라는 이름이 붙었다고 한다. 숲새울정원 자생종이며 개인적으로 가장 좋아하는 식물이다. 그동안 숲새울정원에서 자연번식한 많은 아기 백선들이 엄마를 통해 전파되었는데, 지금은 내가 반출 금지를 요청한 귀한 식물이다. 왜 정원식물로 널리 쓰이지 않는지 의문일 정도로 미적으로나 생태적으로 훌륭하다. 연분홍색 꽃잎에 있는 홍자색 무늬가 멋스러우며, 키가 큰 독일붓꽃 무리와 잘 어울린다. 운향과 식물이라 호랑나비와 산호랑나비 애벌레들에게 인기가 많고, 총상꽃차례로 달린 꽃이 지면 별 모양의 씨송이가 달린다. 일반 화훼 농장에서 구하기가 어렵기는 하지만 기회가 된다면 다양한 백선 품종을 길러 보고 싶다. 사진 속 벌레는 멋진 무늬 날개를 뽐내는 산호랑나비 *Papilio machaon*의 애벌레.

위실나무
Kolkwitzia amabilis

양지/반양지 | 1.8~3미터 | 14 | 2023.5.14. | 관목

7~8년 전에 숲새울정원에 한 그루를 심었다. 위실蝟實의 '위蝟'는 고슴도치라는 의미로, 씨송이에 잔털이 잔뜩 나 있어 이런 이름이 붙은 듯하다. 영어로 '아름다운 덤불 beauty bush'이라 부르기도 한다. 향기가 좋고, 가지가 우아하게 늘어지며, 풍성하게 달리는 분홍빛 꽃이 매우 아름답다. 맹아력이 좋고, 숲새울정원 봄꽃나무길의 마지막을 화려하게 장식한다. 가지가 어느 정도 자라면 휘어지는 성질이 있어서 다소 높은 장소에 심어 가지를 늘어뜨리는 것도 좋다.

클레마티스 '넬리 모저'
Clematis 'Nelly Moser'

양지/반양지 | 2.4~3미터 | 7 | 2023.5.14. | 덩굴성 관목

―

숲새울정원에 들인 지 15년 정도 되었다. 중간에 진분홍색 무늬가 있는 꽃잎이 독특하다. 꽃이 피기 전에는 눈이 있는 줄기는 자르면 안 된다. 꽃이 핀 후 잘라 주면 또 꽃이 핀다.

매화개구리발톱
Semiaquilegia ecalcarata

양지 | 30~40센티미터 | 12 | 2023.5.14. | 숙근초

―

심은 지 몇 년 되지 않았다. 개체가 작기 때문에 화단 가장자리에 심어 놓고 잘 관리해야 한다. 앙증맞은 연보랏빛 꽃이 고개를 숙이며 핀다.

헤스페리스 마트로날리스
Hesperis matronalis

양지/반양지 | 90~120센티미터 | 5, 6 | 2023.5.14. |
두해살이풀

———

'데임스 로켓 Dame's Rocket'이라고도 부른다. 보라색 꽃을 피우는 유채 같은 이 식물은 두해살이풀로, 관리가 필요하다. 개화기가 길고 꽃이 풍성하게 피어서 한 포기만 있어도 충분히 아름답다. 배추흰나비들의 산란지로 인기가 많은 식물이다. 자연발아도 되지만 모종을 만들어 심는 것이 확실하다.

헤스페리스 마트로날리스 '화이트'
Hesperis matronalis 'White'

양지/반양지 | 90~120센티미터 | 4 | 2023.5.14. |
두해살이풀

———

흰색 꽃을 피우는 이 헤스페리스 역시 떨어진 씨에서 자연발아가 잘되지만, 숲새울정원처럼 식물이 많은 곳은 모종을 만들어 두는 것이 좋다. 빨간 꽃을 피우는 품종 미상의 작약 옆에 심었는데, 꽃색이 대비되어 청량한 느낌을 준다.

네페타 라케모사 '워커스 로'
Nepeta racemosa 'Walker's Low'

양지/반양지 | 60~45센티미터 | 2 | 2023.5.14. | 숙근초

잎과 꽃에 향기가 있는 개박하속 식물로, 수분 매개자를 부르는 매우 좋은 식물이다. 강건하며, 풍성하고 왕성하게 자란다. 세가 강하기 때문에 심을 때 주변 식물들을 고려해야 한다. 꽃이 지고 지저분해질 때 꽃대 아래쪽을 바짝 잘라 주면, 새순이 돋으면서 한 번 더 꽃이 핀다. 긴 꽃대에 보라색 꽃이 주르륵 달린다.

시베리아붓꽃 '콩코드 크러시'
Iris sibirica 'Concord Crush'

양지/반양지 | 60~90센티미터 | 5 | 2023.5.14. | 숙근초

―

세력이 매우 강하다. 푹 퍼다가 뚝뚝 떼어서 여러 곳에 나누어 심었다. 파란빛이 도는 보라색 겹꽃이 특징이다. 물결치는 듯 풍성하게 피어나 흔들리는 꽃이 아름답다.

시베리아붓꽃 (품종 미상)
Iris sibirica

양지/반양지 | 60~90센티미터 | 5 | 2023.5.19. | 숙근초

―

5월 숲새울정원의 입구를 담당하는 식물이다. 온라인 동호회의 아는 사람이 선물해 주어서 심었는데, 번식력이 매우 좋다. 중심부가 노란 흰색 꽃을 피운다.

헝가리방패꽃 '로열 블루' (추정)
Veronica teucrium 'Royal Blue'

양지/반양지 | 30~45센티미터 | 5 | 2023.5.14. | 숙근초

'로열 베로니카'로 유통되는 식물을 구입해서 심었으며, 숲새울정원에서 15년 정도 되었다. 잘 퍼지기 때문에 포기나누기로 증식해 여러 곳에 나누어 식재했다.

시베리아붓꽃 '슈가 러시'
Iris sibirica 'Sugar Rush'

양지/반양지 | 60~80센티미터 | 9 | 2023.5.23. | 숙근초

시베리아붓꽃은 뿌리줄기를 형성하는 독일붓꽃과는 달리 수염뿌리를 형성하며, 습한 토양에서도 잘 자라기 때문에 레인가든(비가 오면 물이 고이도록 지대를 낮게 조성하는 정원)에도 식재할 수 있다. 아스트란티아 마요르 '로마'와 오묘한 느낌의 '슈가 러시' 꽃의 조화가 아름답다.

샤스타데이지
Leucanthemum × superbum

양지/반양지 | 60~120센티미터 | 정원 전체 | 2023.5.26. | 숙근초

종자로 매우 강하게 번식하며, 한번 자리 잡으면 아주 오래가는 강건한 국화과 식물이다. 2년 후 개체가 매우 커지기 때문에 원하지 않는 곳의 새싹은 미리 제거해 주는 것이 좋다. 장미(품종 미상)와 샤스타데이지를 합식하면 아름다운 부케의 느낌을 표현할 수 있다. 마찬가지로 장미와 올라야 그란디플로라의 조합도 좋다.

디기탈리스 발리니이 (품종 미상)
Digitalis × valinii

양지/반양지 | 30~60센티미터 | 5 | 2022.5.19. | 숙근초(중부지방 월동 불가)

'여우장갑'이라고도 부르는 디기탈리스 중 새로운 이 품종을 최근 숲새울정원에 들여왔는데, 내한성이 약해(Zone 8~11) 숲새울정원에서는 월동할 수 없다. 가을에 꽃대 아래쪽에서 곁순이 많이 나오는 편인데, 5센티미터 정도 삽수(삽목에 쓰이는 줄기, 뿌리, 잎)를 채취해 다음 해 식재를 위한 모종을 확보하여 겨우내 온실에서 보관한 후 이듬해 4월에 식재해 준다.

붉은장구채
Silene dioica

양지/반양지 | 60~90센티미터 | 7 | 2023.5.14. | 숙근초

―

모종을 사서 심었는데, 매우 잘 퍼진다. 가운데 부분이 깊게 파인 꽃이 피며, 분홍색 꽃잎 다섯 장으로 이루어져 있다. 부피감 없이 가늘고 긴 느낌이라 식물 사이사이에 심을 채움식물로 좋다.

작약 '볼 오브 뷰티'
Paeonia lactiflora 'Bowl of Beauty'

양지/반양지 | 60~90센티미터 | 2 | 2022.5.19. | 숙근초

―

처음 이사 왔을 때 동네 주민이 준 식물이다. 그분이 이사 온 집마다 이 작약을 나누어 주어서 마을의 대표 정원식물이 되었다. 자잘한 흰색 꽃잎을 가진 올라야 그란디플로라와 탐스러운 분홍빛 작약꽃이 매우 잘 어우러진다.

베르바스쿰 카익시이 '웨딩 캔들스'
Verbascum chaixii 'Wedding Candles'
양지 | 90~120센티미터 | 5 | 2022.5.19. | 숙근초

베르바스쿰 포에니케움 (보라색 꽃, 추정)
Verbascum phoeniceum
양지 | 60~90센티미터 | 5 | 2022.5.22. | 숙근초

모종을 구입해 베르바스쿰속 식물 세 종을 심었는데, '웨딩 캔들스' 이외에는 정확히 식물명을 동정하기 어렵다. 수명이 길지 않아 2~3년 지나면 심었던 곳의 개체는 사라지지만, 씨로 자연발아가 잘되는 편이다. 흰색 꽃을 피우는 베르바스쿰이 자연발아가 잘된다. 씨로 자연발아하는 식물에서 아직 변이가 발견되지 않은 것으로 보아 형질이 그대로 유지되는 것 같다.

베르바스쿰 블라타리아 알비플로룸 (추정)
Verbascum blattaria f. albiflorum

양지 | 90~120센티미터 | 3 | 2023.6.2. | 숙근초

앙쿠사 아주레아
Anchusa azurea

양지/반양지 | 90~150센티미터 | 3 | 2023.6.2. |
두해살이풀/숙근초

하부는 올라야 그란디플로라가 채워 주고, 뒤쪽에서는 파란색 꽃이 피는 앙쿠사 아주레아가 대조를 이루는 모습이다. 앙쿠사 아주레아는 내한성 좋은 숙근초로 알고 있는데, 여름 이후 사라진 것을 보면 습한 여름에 약한 것으로 보인다. 해외 사이트에서는 두해살이풀 또는 수명이 짧은 숙근초로 분류한다. 종자 번식이 가능하다고 하니, 채종하거나 순을 채취해 삽목하여 모종을 만들어 두는 것도 방법일 것 같다. 봄에 모종을 심었는데, 그해에는 잎만 무성하다 이듬해 꽃이 예쁘게 피었다. 어느 해 2년 된 개체의 묵은 뿌리에서 싹이 몇 개 나는 것을 잘 관리했더니 한 번 더 꽃을 피운 것을 보면 수명이 짧은 숙근초 같다.

장미 '크리스토퍼 말로위'
Rosa 'Christopher Marlowe'

양지 | 60~80센티미터 | 3 | 2022.5.22. | 관목

영국의 유명한 장미 브랜드 '데이비드 오스틴' 품종으로 진분홍색 꽃이 탐스럽게 핀다. 숲새울정원에서는 장미를 축대 아래로 늘어지도록 유인했다. 바위 사이사이에 황금일본매자나무 *Berberis thunbergii* 'Aurea', 매발톱, 사초, 그라스 등 여러 식물을 심어 조화를 이루게 했다.

길레니아 트리폴리아타
Gillenia trifoliata

반양지 | 60~90센티미터 | 12 | 2023.5.22. | 숙근초

2022년에 새로 들인 반그늘 식물이다. 가느다란 흰색 꽃잎 다섯 장이 매우 우아한데, 실제로는 사진보다 더 화사한 느낌을 준다. 자연주의 숲정원에 매우 잘 어울리는 식물이다. 북미 원산으로 우리나라 자생종은 아니지만 숲새울정원 자생화단의 한 부분을 차지하고 있다. 반그늘 양지 가리지 않고 다 잘 자란다.

꽃말발도리 '스트로베리 필즈' (추정)
Deutzit × hybrida 'Strawberry Fields'

양지/반양지 | 60~90센티미터 | 11 | 2021.5.31. | 숙근초

유사한 품종이 많아 정확한 이름을 동정할 수 없다. 숲새울정원에서 15년 정도 되었다. 장소를 몇 번이나 옮기다가 축대 아래로 흘러내리게 심었는데, 분홍빛 꽃이 만개하면 '꽃 폭포'가 쏟아지는 것 같다. 앞쪽에 매발톱씨송이가 어우러져 있는 모습도 멋지다.

펜스테몬 히르수투스
Penstemon hirsutus

양지/반양지 | 60~90센티미터 | 11 | 2023.5.22. | 2023.5.29. | 숙근초

집을 지은 지 얼마 되지 않았을 때 양평의 한 화원에서 구입했다. 북미 원산으로 강건하며 정원의 채움식물로 활용하기에 좋은 식물이다. 꽃 속은 흰색, 바깥은 연보라색이다. 숲새울정원의 경우 장마철에 포기나누기를 해서 증식시킨다. 펜스테몬 히르수투스가 있는 화단의 가장자리는 품종 미상의 꼬리풀과 패랭이로 빽빽하게 채워져 있다. 비가 많이 온 날에는 물이 많이 묻어 있어 고개를 숙이고 있는 꽃들을 일일이 손으로 털어 준다. 이런 정성스러운 관리가 숲새울정원의 아름다운 경관을 만들어 낸다.

도르트문트 장미
Rosa 'Dortmund'

양지 | 1.8~3미터 | 4 | 2023.5.22. | 덩굴성 관목

클레마티스 '더 프레지던트'
Clematis 'The President'

양지/반양지 | 2.4~3미터 | 4 | 2023.5.22. | 덩굴성 관목

붉은색 꽃을 피운 도르트문트 장미와 파란빛이 도는 보라색 꽃을 피운 클레마티스의 조합.

북금매화 (품종 미상)
Trollius chinensis

양지/반양지 | 60~90센티미터 | 11 | 2021.5.31. | 숙근초

주로 '백두산큰금매화'로 유통되며 주황색에 가까운 진노란색 꽃을 피운다. 꽃이 오래가고, 자연발아도 잘 이루어지며, 오래가는 숙근초다. 사진은 네페타 '워커스 로' *Nepeta* 'Walker's Low'와 함께 조화를 이룬 모습이다.

클레마티스 디베르시폴리아 '블루 피루에트'
Clematis × *diversifolia* 'Blue Pirouette'

양지 | 1.5~2미터 | 5 | 2022.5.26. | 덩굴성 관목

이 클레마티스는 직립형인 클레마티스 인테그리폴리아 '로세아' *C. integrifolia* 'Rosea'와 덩굴성인 클레마티스 '바르샤브스카 니케' *C.* 'Warszawska Nike'를 교배하여 육종한 것으로, 덩굴손이 없다. 다른 직립형 클레마티스에 비해 개체가 크고 꽃이 화려하다. 키가 크지 않은 직립형 클레마티스는 숲새울정원처럼 꽃이 화려한 화단에 식재하면 존재감이 없기 때문에, 화분에 심어 주는 편이다. 사진처럼 작은 오벨리스크에 올려도 좋고, 관목들 사이에서 키워도 좋다. 절화용으로 인기가 많은데, 화병에 꽂아 두었을 때 꽃이 오래가는 것을 확인할 수 있었다.

아스트란티아 마요르 '로마'
Astrantia major 'Roma'

양지/반양지 | 45~60센티미터 | 6, 7, 9 | 2023.5.22. |
숙근초

엄마는 아스트란티아 마요르 '로마'를 아주 잘 기르는 정원사로 유명하다. 숲새울정원에는 다양한 아스트란티아 종류가 있지만, 피트 아우돌프가 육종한 '로마'가 가장 강하고 잘 번성한다. 하지만 로마는 씨로 번식이 불가능해서 크기가 어느 정도 되면 포기나누기를 해서 번식시킨다. 로마는 습한 환경을 좋아하기 때문에, 습한 반그늘 환경을 만들어 주는 것이 좋고, 개체가 3~4년 정도 자라서 포기가 커졌을 때, 포기나누기를 해 주지 않으면 녹아 버리는 경우가 많다.

알리움 종류
Allium

양지 | 60~90센티미터 | 5, 6 | 2023.5.22. |
구근식물/캐내어 보관

커다랗고 둥근 보라색 꽃을 피우는 이 알리움은 멋진 씨송이까지 즐긴 후 장마 전에 구근을 캐내어 다음 해를 위해 종이상자에 담아 여름내 창고에 보관했다가 11월에 식재한다.

알리움 아트로푸르푸레움
Allium atropurpureum

양지 | 60~90센티미터 | 3 | 2021.5.31. |
구근식물/캐내어 보관

진자줏빛 꽃이 매력적이며, 다른 알리움에 비해 꽃이 조금 늦게 핀다. 꽃이 진 후 잎이 사그라들 때 구근을 캐낸 다음 상자에 넣어 여름내 창고에 보관했다가 11월에 식재한다.

칼리칸투스 '아프로디테'
Calycanthus 'Aphrodite'

양지/반양지 | 1.5~2.4미터 | 15 | 2023.5.23. | 관목

'자주꽃받침' 또는 '자주받침꽃'이라는 이름으로 유통되는 이 관목의 붉은색 꽃은 가까이 들여다보게 하는 매력을 지녔다. 크고 광택이 나는 잎도 멋있고 꽃 향도 좋지만, 수형이 지저분해지는 경향이 있다.

말냉이
Thlaspi arvense

양지 | 40~60센티미터 | 12 | 2023.5.26. | 한해살이풀

유럽에서 들어온 귀화식물로 일반 냉이보다 꽃도 열매도 키도 크다. 자잘한 흰색 꽃이 핀 후에 동글납작한 씨가 맺힌다. 이 씨가 모여 있는 씨송이의 모습이 멋있지만, 지나치게 퍼지지 않게 잘 관리해야 한다.

느릅터리풀 '아우레아'
Filipendula ulmaria 'Aurea'

양지/반양지 | 60~90센티미터 | 5 | 2023.5.29. | 숙근초

―

황금색 잎이 매력적인 왜성 터리풀이다. 화사한 잎의 색상이 녹음이 짙어 가는 여름의 화단을 밝혀 준다. 너무 밝지 않은 색상의 꽃 주변에 심어 대비를 이루게 하는 것이 좋다.

일본삼색병꽃나무
Weigela coraeensis

양지/반양지 | 3미터 | 11 | 2023.5.29. | 관목

―

영천의 아는 사람 집에서 얻어 왔다. 숲새울정원에 온 지 20년 정도 되었는데, 맹아력이 강해 가지치기를 해서 키를 작게 키우고 있다. '삼색'이라는 이름이 붙은 식물답게 흰색, 연분홍색, 진분홍색 꽃이 한 나무에서 피어난다.

클레마티스 '미시즈 콜몬들리'
Clematis 'Mrs. Cholmondeley'

양지/반양지 | 1.5~2.5미터 | 11 | 2023.5.29. | 덩굴성 관목

아치에 연분홍색 꽃이 피는 장미와 합식했다. 클레마티스와 덩굴장미는 비슷한 시기에 꽃이 피기 때문에 함께 어우러지게 심으면 좋다. 가을에 한 번 더 개화하는데, 봄에 필 때보다 꽃이 덜 풍성하다. 여름 지나고 꽃을 다 보았다면 아래에서 50센티미터 정도만 남기고 잘라 준다. 그래야 새순이 나와서 가을에 한 번 더 꽃이 핀다.

히말라야푸른양귀비
Meconopsis betonicifolia

반양지 | 60~80센티미터 | 11 | 2023.5.29. | 숙근초

애증의 히말라야푸른양귀비는 또다시 우리 곁을 떠났다. 구입한 모종도 실패했고, 겨우 발아시킨 새싹도 녹아 없어졌다. 몇 해를 실패한 후에 포기하고 있다가 꽤 큰 개체를 구입해 2023년 다시 시도했다. 찾을 수 있는 모든 자료를 찾아 히말라야푸른양귀비만을 위한 화단을 조성했다. 하지만 이곳이 히말라야가 아님을 알아챘는지, 또 홀연히 사라졌다. 언젠가 이 매력적인 푸른색 꽃을 피우는 식물을 다시 정원에 들일 수 있을까, 하는 마음이 늘 남아 있다.

테르몹시스 빌로사
Thermopsis villosa

양지 | 90~150센티미터 | 11 | 2022.5.26. | 숙근초

가운데 보이는 노란색 꽃은 밥티시아*Baptisia*처럼 보이지만, 사실 테르몹시스 빌로사다. 밥티시아의 꽃은 흰색, 노란색, 푸른색으로 다양하지만, 테르몹시스속의 경우 한 종 *T. barbata*을 제외하고 모두 노란색 꽃을 피운다. 우리나라 자생인 갯활량나물도 테르몹시스속에 속한다. 둘은 씨송이의 모양으로도 구분할 수 있는데, 밥티시아가 콩알 같은 씨송이를 맺는 반면, 테르몹시스의 씨송이는 납작하고 길쭉하다. 밥티시아에 비해 꽃대가 휘어지지 않고 바로 서는 모습을 보여 준다.

캄파눌라 로툰디폴리아
Campanula rotundifolia

양지/반양지 | 30~45센티미터 | 5 | 2021.5.31. | 숙근초

북미에서 '헤어벨 harebell' 또는 '블루벨 bluebell'이라고도 부르는 캄파눌라 로툰디폴리아는 꽃이 매우 앙증맞고 귀엽다. 게다가 강건하고 오래가는 식물이다. 키가 작고 하늘하늘한 느낌이라 화단 앞턱에 식재했는데, 자생 꿀풀 *Prunella vulgaris* subsp. *asiatica*과 어우러져 그 앙증맞음이 더욱 돋보인다. 15년 정도 되었는데 제자리를 그대로 지키고 있고, 자연발아가 되기는 하지만 지나치게 퍼지지 않는다.

터리풀
Filipendula glaberrima

양지/반양지 | 80~160센티미터 | 7 | 2023.5.29. | 숙근초

―

한국 자생종이다. 터리풀은 단풍터리풀에 비해 지나치게 퍼지지 않고, 구슬 같은 분홍색 꽃봉오리가 맺힌 후 점점 흰색 솜사탕 같기도 하고 먼지떨이 같기도 한 모양으로 변한다. 숲새울정원에서는 노란색과 분홍색이 오묘하게 섞인 사하라 장미 *Rosa* 'Sahara'와 함께 어우러지고 있다.

박쥐나무
Alangium platanifolium

양지/반양지 | 3.5~4.5미터 | 13 | 2023.5.23. | 아교목

―

넓적한 잎 모양이 박쥐가 날개를 편 모습과 닮았다 해서 이름에 '박쥐'가 붙었다고 한다. 5월 후반부터 매우 장식적인 흰색 꽃이 피기 시작한다. 처음에는 긴 대롱 모양으로 달려 있다가 여섯 장의 기다란 꽃잎이 옛날 유럽인들의 가발처럼 위로 동글동글 말려 올라간다. 그러고 나면 안에 있던 여러 개의 노란색 수술과 한 개의 암술이 늘어진 모습이 보인다. 꽃이 독특해서 자꾸 시선이 가는 나무다. 타원형 열매가 맺히면 까맣게 익어간다. 사진은 아직 만개하기 전 꽃의 모습이다.

숲새울정원의 6월 식물

아스틸베 '다이아몬드' (추정)
Astilbe 'Diamond'

양지/반양지/음지 | 60~90센티미터 | 9 | 2023.6.2. |
숙근초

빛이 잘 들지 않는 어두운 그늘에 원추꽃차례로 흰색 꽃을 피우는 아스틸베를 심으면 쉽게 지치는 무더운 여름에 환하면서도 시원한 경관을 연출할 수 있다.

야시오네 라이비스 '블라우리히트'
Jasione laevis 'Blaulicht'

양지 | 20~40센티미터 | 10 | 2023.6.2. | 숙근초

유럽 원산인 이 식물은 잎이 로제트 형태로 바닥에 둥글게 깔리고, 개화기가 되면 20센티미터 정도로 꽃봉오리가 올라와 푸른빛 보라색 꽃을 피운다. 바위정원에 식재했는데 안타깝게도 여름에 녹아서 사라졌다.

장미 종류 (품종 미상)
Rosa

양지 | 1.5~2.5미터 | 5 | 2023.6.2. | 덩굴성 관목

어느 농원에서 구입했는데 '이쁜이'라는 이름으로 유통된다. 흰색과 연자줏빛 꽃잎이 섞여 있는 꽃의 지름이 4센티미터 정도 되는 덩굴장미인데, 자라는 속도도 빠르고 꽃도 많이 달린다.

둥근잎시호 '그리피티이' (추정)
Bupleurum rotundifolium 'Griffithii'

양지 | 60~90센티미터 | 정원 전체 | 2022.6.8. | 한해살이풀

야생의 초원 분위기를 물씬 풍기는 이 산형과Apiaceae 식물은 화훼시장에서 '버프륨'이라는 이름으로 유통되며 절화로 인기가 높다. 북미에서는 '토끼의 귀 hare's ear'라고도 부른다. 꽃잎처럼 보이는 황록색 포엽과 줄기를 감싸고 있는 듯한 하트 모양의 잎이 매력적이다. 숲새울정원에서는 따로 파종하지 않았는데 스스로 종자 번식하여 채움식물로 자리 잡은 상태다.

카나리새풀
Phalaris canariensis

양지 | 20~60센티미터 | 5 | 2022.6.8. | 한해살이풀

카나리섬 출신이라 이름에 '카나리'가 붙었다. 꽃은 원뿔모양꽃차례로 달리며 초록색 줄이 있는 소수(작은꽃이삭)가 아주 조밀하게 붙어 있는데, 그 모양이 독특하고 예쁘다. 벼과에 속하는 한해살이풀이며 자연발아도 되지만 둥근잎시호나 끈끈이대나물과는 달리 새싹을 식별하기 어려워 따로 모종을 내서 필요한 곳에 심는 것이 좋다.

끈끈이대나물
Silene armeria

양지/반양지 | 30~60센티미터 | 전 구역 | 2021.6.1. |
한해살이·두해살이풀

끈끈이대나물은 한해살이 또는 두해살이풀로, 보통 5월에 둥근잎시호와 함께 이곳저곳에서 나타나 채움식물 역할을 톡톡히 해 준다. 올라야, 끈끈이대나물, 둥근잎시호, 소래풀의 새싹이 어떤 모습인지 잘 알아 두면 선택적으로 제거할 수도 있고 원하는 경관을 유지할 수 있다. 정리한 식물은 가끔 엄마가 만든 도자기 화병에 꽂아 놓곤 한다. 위 왼쪽 사진은 작약, 올라야, 끈끈이대나물, 수레국화 등이 화병에서 조화를 이루고 있는 모습. 위 오른쪽 사진의 아데노포라 '아메시스트'와 끈끈이대나물, 개양귀비의 조화도 멋스럽다.

깃도깨비부채 (품종 미상)
Rodgersia pinnata

양지/반양지 | 90~120센티미터 | 2, 3, 5 | 2023.6.2. | 숙근초

©이지영

2022년 6월 엄마와 함께 독일 막시밀리언 파크 아우돌프 가든 Maxmillian Park Oudolf Garden을 방문했다. 처음 이 정원에 들어섰을 때 물결치는 로드게르시아 '디 안무티게' *Rodgersia 'Die Anmutige'*의 씨송이 무리를 보고 놀랐던 기억이 있다(왼쪽 사진). 한국에 돌아와 엄마는 열심히 로드게르시아를 수소문했다. 당시 가격대가 높게 형성되어 있었고, 종류가 다양하지 않으며, 품종명도 정확하지 않았지만, 구할 수 있는 대로 구해 숲새울정원에 데려왔다(오른쪽 사진). 심어 보니 자리 잡기까지 제법 긴 시간이 걸리는 것 같다. 한 개체가 고맙게도 힘겹게 꽃대를 올려 주었다. 아직은 여력이 없는지 화려한 꽃대를 보여 주지는 않았지만, 장마철이 지나고 가을까지 그대로 씨송이로 변하는 모습에 감탄했다. 나머지 로드게르시아도 우리의 응원과 염원을 잊지 않고 힘차게 꽃대를 올려 새로운 숲새울정원의 시그니처로 자리 잡았으면 하는 마음이다.

펜스테몬 디기탈리스 '허스커 레드'
Penstemon digitalis 'Husker Red'

양지/반양지 | 60~90센티미터 | 정원 전체 | 2023.6.2. | 숙근초

제주도에서 처음 보고 그 모습에 반해 숲새울정원에 들여온 '허스커 레드'는 왕성하게 이곳저곳 퍼지고 있다. 연분홍색 꽃도 예쁘고, 붉은빛을 띤 잎과 줄기도 아름답다. 내건성, 내습성, 내한성 모두 좋은 편이라 국내 환경에 매우 잘 적응하는 도입종 중 하나다.

아스페룰라 오리엔탈리스
Asperula orientalis

양지/반양지 | 30~40센티미터 | 12 | 2023.6.3. | 한해살이풀

중앙아시아 원산 식물로 '보라선갈퀴'라는 이름으로 유통된다. 한해살이풀이기 때문에 채종이 필요하다. 주변 경쟁종에 약한 것으로 보이기 때문에, 공간을 확보해 주거나 화분에 심는 것도 방법이다. 자잘한 십자형 꽃이 예쁘다.

제비고깔
Delphinium grandiflorum

양지 | 30~60센티미터 | 3 | 2022.6.9. | 숙근초

촛대 같은 꽃대가 올라오는 델피니움 엘라툼 *D. elatum*이나 원예종 델피니움에 비하면 제비고깔은 숲새울정원의 여름에 강한 편이다. 델피니움 종류는 내한성은 좋지만 여름 더위와 습기에 쉽게 사라지곤 하는데, 축대 바위 사이에 심은 제비고깔은 한해를 오롯이 살아 냈다. 청량한 느낌의 파란색 꽃이 눈을 시원하게 해 준다.

장각매발톱꽃
Aquilegia longissima

양지/반양지 | 60~90센티미터 | 11 | 2023.6.2. | 숙근초

다른 매발톱에 비해 꽃 뒤에 붙은 '매발톱' 모양 부분이 더 가늘고 길게 뻗어 있어 '장각'이라는 이름이 붙은 것으로 보인다. 노란색 꽃이 아름답고 초장이 길어 더 화려해 보이는 매발톱이다. 주변에 다양한 매발톱이 있어서 그런지 자연발아 했을 때, 동일한 개체가 나오지 않는다. 삽목으로 증식시킬 수 있다.

물망초
Myosotis scorpioides

양지/반양지 | 15~30센티미터 | 9 | 2023.6.2. | 숙근초

흔히 봄에 볼 수 있는 왜지치 *M. sylvatica*와 달리 물속에서도 살고 월동한다. 연한 파란색 꽃잎과 진한 노란색 중심부의 조화가 매력적인 식물이다. 햇볕이 잘 드는 곳부터 그늘진 곳까지 유기물이 풍부하고 지속적으로 축축하거나 습한 토양에서 쉽게 자란다. 식물은 뿌리줄기로 퍼지지만 지나치게 공격적으로 퍼지지는 않는다.

가는범꼬리
Bistorta alopecuroides

양지/반양지 | 30~40센티미터 | 9 | 2023.6.5. | 숙근초

한라산과 경기도 산지에 자생한다는 이 식물은 범꼬리에 비해 잎이 피침형으로 가늘고 키가 작다. 흰색 꽃들이 피어난 모습이 마치 범의 꼬리처럼 생겼다 해서 이런 이름이 붙었다고 한다. 귀한 식물이라 화분에서만 기르다가 정원에 옮겼는데 자리도 잘 잡고 꽃대도 많이 올려 주었다. 생장력이 좋은 식물이다.

긴산꼬리풀 (품종 미상)
Pseudolysimachion longifolium

양지 | 80~100센티미터 | 2, 5 | 2023.6.5. | 숙근초

기다란 원추형으로 보랏빛 꽃을 피우는 긴산꼬리풀은 따로 데드헤딩(deadheading, 시든 꽃을 잘라 주는 관리법)을 하지 않아도 여름부터 가을까지 지속적으로 꽃대를 올려 주는, 수분 매개자를 위한 훌륭한 식물이다. 다양한 품종을 정원에서 키워 보라고 추천하고 싶다.

캄파눌라 글로메라타 '캐럴라인'
Campanula glomerata 'Caroline'

양지/반양지 | 30~60센티미터 | 5, 7 | 2023.6.5. |
숙근초

———

우리나라 자주꽃방망이 *C. glomerata* subsp. *speciosa*가 캄파눌라 글로메라타의 아종이다. 숲새울정원에 도입한 지 얼마 되지 않았는데, 강건하게 잘 자라서 엄마의 사랑을 듬뿍 받고 있다. 2013년 RHS '올해의 정원식물'에 뽑히기도 했다. 다섯 갈래로 갈라지는 연보라색 꽃이 둥그렇게 모여 피는데, 무척 아름답다.

뿌리속단 (품종 미상)
Phlomis tuberosa

양지/반양지 | 90~150센티미터 | 5 | 2023.6.5. | 숙근초

———

식재한 지 2년 째 되는 해에 연보랏빛 꽃을 피웠는데, 아직은 왕성하게 자라지 않는다. 속단에 비해 꽃이 크고 키도 크다. 일정한 간격으로 꽃송이들이 줄기에 달리는 모양이 독특하다.

아데노포라 '아메시스트'
Adenophora 'Amethyst'

양지 | 45~90센티미터 | 5 | 2022.6.8. | 숙근초

잔대속*Adenophora*에 속하는 외래종으로 숲새울정원 환경에 훌륭하게 적응하는 도입식물 중 하나다. 강건하고 개화기가 길며 꽃대가 잘 쓰러지지 않는다. 곧게 뻗은 줄기에 원추형으로 달리는 꽃들이 탐스럽고, 다섯 갈래로 갈라지는 연보랏빛 길쭉한 나팔 모양 꽃이 우아하다.

분홍바늘꽃
Chamerion angustifolium

양지/반양지 | 60~180센티미터 | 5, 12 | 2022.6.8. | 숙근초

단풍터리풀꽃이 피면 초여름 정원이 절정에 이르는데, 이때 자유롭게 돌아다니는 키가 큰 분홍바늘꽃이 화려함을 더해 준다. 긴 꽃대에 꽃자루가 있는 여러 개의 꽃이 어긋나게 붙어서 밑에서부터 분홍색 꽃이 피어난다. 분홍바늘꽃은 해를 거듭할수록 이동하며 사라지기도 하기 때문에 변화를 싫어하는 정원주에게는 좋지 않은 식물이다.

선옹초 (품종 미상)
Agrostemma githago

양지/반양지 | 60~90센티미터 | 3 | 2022.6.8. | 한해살이풀

―

가을에 직파해 놓으면 이듬해 싹이 나고 꽃이 핀다. 중심부가 하얀 분홍색 꽃이 피는데, 다섯 장의 꽃잎에 진한 분홍색 줄이 보인다. 가느다랗고 긴 꽃받침 조각도 특이하다.

살비아 네모로사 '카라도나'
Salvia nemorosa 'Caradonna'

양지 | 30~60센티미터 | 5 | 2023.6.5. | 숙근초

―

진보라색 꽃이 아름다운 식물로, 매우 강건하다. 짙은 자주색 줄기와 씨송이(사진)의 색도 아름답다.

수레국화
Centaurea cyanus

양지 | 60~90센티미터 | 2, 3 | 2022.6.8. | 한해살이풀

―

유럽 원산의 국화과 식물로, 숲새울정원에서는 자연발아 하도록 둔다. 너무 퍼지는 것이 싫으면 씨가 맺히기 전에 미리 뽑으면 된다.

석잠풀
Stachys riederi var. *japonica*

양지 | 40~80센티미터 | 5, 7, 9 | 2023.6.6. | 숙근초

숲새울정원 자생종이다. 뿌리로 많이 퍼져 나가기 때문에 뽑아서 정리해 주는데, 어울릴 만한 곳은 남겨 둔다. 연한 분홍색 꽃 안에 진분홍색 무늬가 있고, 꽃이 줄기 마디마다 층층이 돌려난다.

단풍터리풀
Filipendula palmata

양지/반양지 | 50~150센티미터 | 5 | 2022.6.8. | 숙근초

우리나라 토종으로, 오대산 근처 농원에서 구입했다. 키가 매우 크고 화려한 장미과 식물로 연분홍색 꽃이 모여 핀다. 뿌리줄기로 매우 잘 퍼지기 때문에 어느 정도 관리가 필요하다.

골든볼
Pycnosorus globosus

양지/반양지 | 40~70센티미터 | 5 | 2022.6.8. | 숙근초

호주 출신의 이 국화과 식물은 둥그런 노란 공 같은 꽃이 피어 숲새울정원의 경관을 더욱 다채롭고 장식적으로 만들어 준다. 숙근초지만 내한성 Zone 8~11 식물로 숲새울정원에서는 월동할 수 없어 채종이 필수다.

프리물라 카피타타
Primula capitata

양지/반양지 | 25~30센티미터 | 10 | 2022.6.9. | 숙근초

내한성은 좋으나 여름에 녹아 없어진다. 히말라야양귀비와 비슷한 사례로, 몇 차례 시도했지만 매번 사라졌다. 모종이 비싸서 한해살이풀로 취급하기도 어렵다. 참 예쁜 꽃인데 아쉽다.

클레마티스 '샐리' (왼쪽)
Clematis 'Sally'

양지/반양지 | 2.5~3미터 | 7 | 2022.6.9. | 덩굴성 관목

클레마티스 (품종 미상) (위)
Clematis

양지/반양지 | 2.5~3미터 | 10 | 2022.6.9. | 덩굴성 관목

클레마티스 '집시 퀸' (가운데)
Clematis 'Gipsy Queen'

양지/반양지 | 2.5~3미터 | 5 | 2021.6.10. | 덩굴성 관목

클레마티스 몬타나 (아래)
Clematis montana

양지/반양지 | 2.5~3미터 | 7 | 2007.5.13. | 덩굴성 관목

클레마티스는 영양을 충분히 공급해 주어야 한다. 늦가을에 오게비트(비료)를 한 번 주고, 이듬해 꽃을 본 후에 가지치기를 하고, 2차 개화 전에 한 번 더 준다. 연분홍색 작은 꽃이 피는 클레마티스 몬타나 같은 경우 병충해 관리가 필요하다. 5~6년 된 클레마티스 몬타나가 어느 날 갑자기 시들어 죽었는데, 벌레가 원인이었다. 클레마티스 몬타나는 줄기가 굵어지는 편이라 병충해에 취약한 것 같다. 그렇게 두 번 피해를 입고 난 후에는 삽목해 개체를 키우고 있다.

은잔고광나무 '벨 에투아르'
Philadelphus argyrocalyx 'Belle Etoile'

양지/반양지 | 1.5~1.8미터 | 7 | 2021.6.10. | 관목

숲새울정원이 '아름다운 정원' 상을 받은 기념으로 엄마의 아는 분이 선물한 나무다. 꽃이 무궁화를 닮아 '무궁화 고광나무'라 부르기도 한다. 1800년대 후반 프랑스의 육종가 피에르 르무앙Pierre Lemoine이 선보인 관목으로, 해외 자료에는 *Philadelphus* 'Belle Etoile' 또는 *Philadelphus* × *purpureomaculatus* 'Belle Etoile'로 나와 있다. 향기가 좋고 정원에 화려함을 더해 주는 나무였는데, 2022년 충해를 입어 죽은 가지들을 많이 잘라 냈다.

낮달맞이꽃 (품종 미상)
Oenothera fruticosa

양지 | 30~60센티미터 | 11 | 2021.6.10. | 숙근초

달맞이꽃은 밤에 꽃이 피지만 낮달맞이꽃은 낮에 피며 꽃도 더 크다. 밝은 레몬색 꽃을 환하게 피운 낮달맞이꽃이 펜스테몬 디기탈리스와 눈개승마 씨송이와 어우러진 모습이다. 눈개승마는 잎이 커져서 씨송이가 맺힐 때 쓰러지기 쉬운데, 이때 지저분해 보이는 잎과 가지들을 정리해 주면 좀 더 단정한 모습을 연출할 수 있다.

섬초롱꽃
Campanula takesimana

양지/반양지 | 40~60센티미터 | 정원 전체 | 2022.6.15. | 숙근초

아래를 향해 달리는 꽃 모양이 초롱(호롱) 모양이라 이름이 초롱꽃이다. 정원 산책을 즐겁게 만들어 주는 우리나라 자생종 식물이다. 몇 개체를 심었는데, 자연파종을 잘하는 편이라 현재 전체적으로 숲새울정원에 퍼져 있다.

에링기움 자벨리이 '빅 블루'
Eryngium × zabelii 'Big Blue'

양지 | 60~90센티미터 | 5 | 2022.6.15. | 숙근초

엉겅퀴꽃 같은 독특한 느낌의 꽃 때문에 사랑받는 에링기움. 가운데 열매처럼 보이는 원뿔 모양의 꽃 주변을 둘러싸고 있는 뾰족하고 길쭉한 것은 포엽(꽃이나 눈을 보호하기 위해 변형된 형태의 잎. 포라고도 한다)이다. 숲새울정원에서 3~4년 정도 유지되었다가 사라졌다.

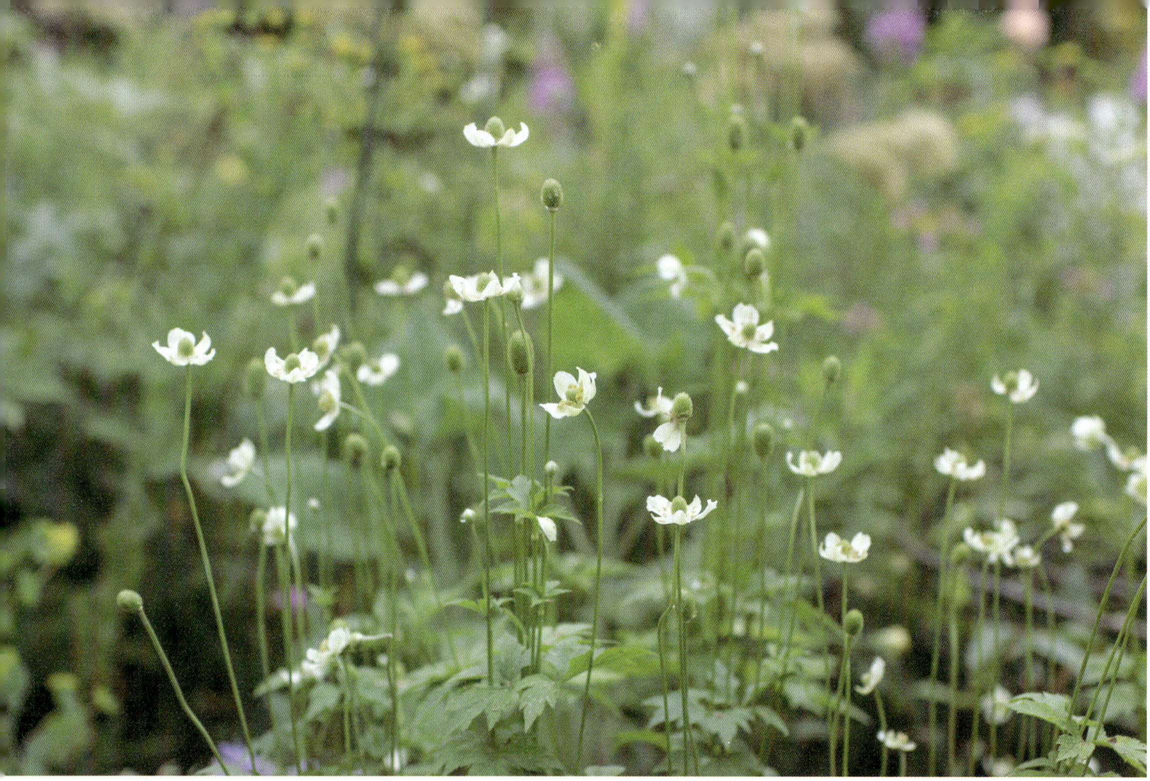

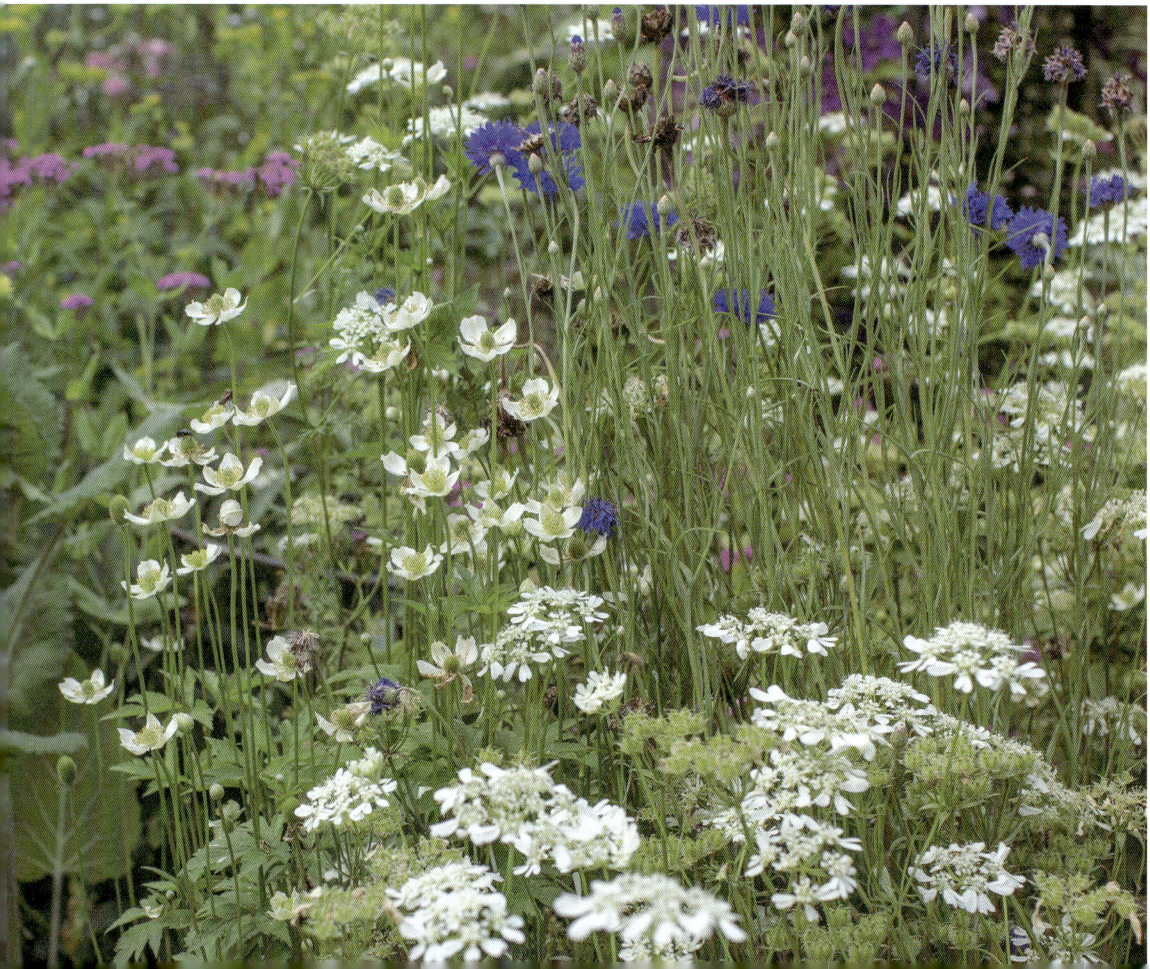

버지니아바람꽃
Anemone virginiana

양지/반양지 | 60~80센티미터 | 5 | 2021.6.14. | 숙근초

북미 원산의 이 바람꽃은 내한성이 매우 강하고(Zone 2~8), 개화부터 씨송이가 될 때까지 그 모습이 깔끔하게 유지된다. 양지인 주 화단의 중간에 위치해 있는데, 주변에 있는 수레국화나 올라야 글란디플로라와 경쟁할 때 밀리지 않는다. 꽃잎처럼 보이는 것은 꽃받침조각이며, 가운데 둥그렇게 암술이 있고, 주변으로 수술이 둘러싸고 있다.

솔잎금계국 '루트 66'
Coreopsis verticillata 'Route 66'

양지 | 45~60센티미터 | 3 | 2022.6.15. | 숙근초

'문빔Moonbeam'이나 '선빔Sunbeam' 등의 품종으로 유명한 솔잎금계국은 초보 정원사에게 필수적인 식물이다. 미국 일리노이주 시카고와 캘리포니아주 산타모니카를 잇는 횡단 고속도로 이름인 '루트 66'는 이름만 들어도 왠지 달려 보고 싶은 생각이 들게 한다. 광활한 대지에 붉은 노을이 내려앉은 듯한 빛깔의 꽃이 여름 내내 핀다. 생장력과 경쟁력이 강하고 모양도 예뻐 화단 앞쪽 채움식물로 사용하면 좋다. 국내의 우리시드 그룹 www.uriseed.co.kr이 육종한 자랑스러운 '코레우리 Coreuri' 품종 시리즈도 있다.

피겔리우스 카펜시스 (품종 미상)
Phygelius capensis

양지 | 30~60센티미터 | 3 | 2022.6.15. | 숙근초

남아프리카 원산으로, '케이프 후쿠시아 Cape Fuchsia'라고도 부른다. 끝에서 다섯 갈래로 갈라지는 기다란 원통형 짙은 붉은색 꽃이 매력적인 식물이다. 겉은 붉은색이지만 꽃 안은 노란색이다. 아래를 향해 꽃이 피며 종종 줄기 쪽으로 비스듬히 방향을 틀기도 한다. 월동이 가능하다고 해서 심었지만 사라졌다. 알고 보니 이 식물의 내한성 등급은 Zone 7~10이다. 식물을 구입하기 전에 정확한 이름과 학명을 파악하고 내한성을 직접 확인해야 한다는 교훈을 얻게 한 식물이다.

디기탈리스
Digitalis purpurea

양지/반양지 | 90~150센티미터 | 정원 전체 | 2021.6.16. | 두해살이풀/숙근초

해외에 가면 다양한 파스텔톤 꽃을 피운 '여우장갑' 그림이 그려진 종자 봉투를 많이 보게 되는데, 사진 속 풍성한 꽃을 보면 사지 않을 수가 없다. 숲새울정원 역시 그런 씨를 구해 많이 심어 보았지만, 파스텔톤 꽃을 풍성하게 피우는 개체들은 다 사라지고, 원종 형태의 디기탈리스만 남아 여기저기 퍼져 있다. 자연스러운 모습이 보기 좋아서 더 이상 화려한 꽃을 피우는 품종들을 따로 들이지 않고 있다. 은은한 연보라색 종 모양 꽃과 꽃 안의 허니 가이드가 언제나 시선을 끈다. 수명이 짧아 두해살이풀로도 분류된다.

말바 알세아 파스티기아타 (추정)
Malva alcea var. *fastigiata*

양지/반양지 | 60~120센티미터 | 3 | 2022.6.25. | 숙근초

온라인 카페에서 구매했다. 꽃잎 다섯 장으로 이루어진 화사한 연분홍색 꽃이 꽃대 끝에 모여 핀다. 가을철 곁순으로 삽목이 잘된다. 관찰 결과 5년 정도 지속된다.

까칠하늘바라기 '버닝 하츠'
Heliopsis helianthoides var. *scabra* 'Burning Hearts'

양지 | 60~90센티미터 | 5 | 2023.6.25. | 숙근초

'불타는 심장'이라는 열정적인 이름을 가진 이 식물의 노란색 꽃은 중심부가 붉은빛을 띤 주황색이다. 그 밖에도 검붉은 줄기와 보랏빛 잎사귀도 강렬한 느낌을 준다. 강건하고 오래가는 식물이다.

베르바스쿰 차익시이 '식스틴 캔들스'
Verbascum chaixii 'Sixteen Candles'

양지 | 60~90센티미터 | 1 | 2022.6.15. | 숙근초

잎에 털이 많으며 노란색 꽃이 달리는 꽃대가 상당히 길다. 보라색 꽃실(수술대, 수술에서 꽃밥을 받치는 기관)과 오렌지색 꽃밥(꽃가루를 만드는 장소)이 밝은 노란색 꽃잎과 함께 조화를 이루는 모습이 매력적이다. 다른 베르바스쿰과 마찬가지로 수명이 짧고 자연파종을 잘해 이리저리 옮겨 다닌다.

꽃창포 (품종 미상)
Iris ensata

양지/반양지 | 60~120센티미터 | 9 | 2021.6.19. | 숙근초

제자리에 오래 있을 때 꽃이 예쁘게 피지 않거나 소멸되기 때문에, 3~4년마다 서너 포기씩 잘라 자리를 옮겨 주면 좋다. 꽃이 크고 화려하지만 개화기가 짧은 것이 단점이다. 단옷날 머리를 감기 위해 사용했던 창포 *Acorus calamus*와는 전혀 다른 식물이다.

길리아 카피타타
Gilia capitata

양지 | 15~60센티미터 | 12 | 2021.6.22. | 한해살이풀

———

북미 원산의 한해살이풀이다. 가늘고 긴 줄기 끝에 연한 파란색 꽃이 공 모양으로 모여 달린다. 자연파종을 한다지만, 숲새울정원 환경에서는 경쟁력이 부족해 어려울 것 같다. 뒤쪽에 풍성하게 자란 딜*Anethum graveolens*이 보인다. 딜은 자연발아가 잘되는 편이다.

모나르다 키트리오도라
Monarda citriodora

양지/반양지 | 30~90센티미터 | 7 | 2022.6.25. | 한해살이풀

———

미국 남부와 멕시코 출신인 이 매력적인 모나르다는 아쉽게도 한해살이풀이라 채종이 필수다. 꽃대에 층층이 달리는 독특한 연보라색 꽃이 예쁘고, 잎을 으깨면 레몬 냄새가 난다고 해서 '레몬 비밤lemon beebalm'이라고도 부른다.

캄차카톱풀 '러브 퍼레이드'
Achillea alpina subsp. *camschatica* 'Love Parade'

양지 | 30~60센티미터 | 3 | 2023.6.25. | 숙근초

―

아는 사람에게 선물 받은 식물이다. 학명에서 알 수 있듯이, 캄차카반도의 톱풀을 육종한 품종이다. 다른 톱풀에 비해 꽃이 매우 크고, 다소 두껍고 광택이 도는 창 모양 잎을 낸다.

광릉골무꽃
Scutellaria insignis

반양지 | 40~70센티미터 | 12 | 2023.6.30. | 숙근초

―

식재하지 않았는데 어느 날 나타난 귀한 식물로, 우리나라 자생종이다. 채도가 높은 귀여운 보라색 꽃이 총상꽃차례로 줄기 꼭대기에 곧추서서 달린다. 뒤편으로 씨송이가 달린 윤판나물이 보인다. 잎맥이 뚜렷하게 보이는 잎이 곱다.

비스토르타 아피니스 '수페르바'
Bistorta affinis 'Superba'

양지/반양지 | 15~30센티미터 | 3, 7, 9 | 2023.6.25. | 숙근초

베르베나 '타피엔' *Verbena* 'Tapien'® 앞쪽으로 비스토르타 아피니스 '수페르바'가 매트형(천천히 촘촘하게 매트를 이루며 퍼지는 식물)으로 지면을 덮고 있다. 이 식물은 성장력이 좋고 빽빽하게 자라기 때문에 잡초를 원하지 않는 곳에 식재하면 좋다. 다만 꽃대가 많이 올라오려면 몇 년 걸리는 것 같고, 여름이 지나면 잎이 갈색으로 변하며 짓무른다는 단점이 있다. 해외 사진 자료를 보면 청동색으로 곱게 단풍이 드는데, 한국의 여름이 너무 더워서 고운 단풍을 보기 힘든 것 같다. '수페르바'라는 이름을 가진 비스토르타속 식물이 또 있는데 바로 넓은잎범꼬리 '수페르바' *B. officinalis* 'Superba'다. 넓은잎범꼬리 '수페르바'는 잎이 훨씬 크고, 잎무더기형(연약한 줄기 아래쪽에 잎이 주로 나는 식물)이며, 좀 더 높은 꽃대에 큰 꽃이 달려서 한눈에 보아도 형태가 매우 다르다는 것을 알 수 있다. 주로 여뀌 '수퍼바'로 유통되는데, 학명을 확인할 필요가 있다.

버지니아냉초 (품종 미상)
Veronicastrum virginicum

양지 | 1.2~2미터 | 3 | 2023.6.25. | 숙근초

―

냉초 V. sibiricum와 버지니아냉초의 여러 품종이 국내에 도입된 데에는 피트 아우돌프의 영향이 컸다고 생각한다. 자생종 냉초에 이어 식재된 숲새울정원의 첫 원예종 냉초는 한동안 아우돌프 냉초라 불렀다. 가늘고 긴 잎이 줄기에 층층으로 돌려나며, 가느다란 줄기에 촘촘하게 달린 연보라색 꽃의 모습이 우아하다.

팔리다에키나시아 '훌라 댄서'
Echinacea pallida 'Hula Dancer'

양지/반양지 | 60~90센티미터 | 5 | 2023.6.25. | 숙근초

―

독일 비트라캠퍼스의 피트 아우돌프 정원에 흐드러지게 피어 있던 '훌라 댄서'에 매료된 엄마가 숲새울정원에 심기 시작했다. 하늘하늘 흔들리는 훌라 댄서의 치마를 연상시키는 꽃이 매력적인 에키나세아다. 작은 모종부터 큰 모종까지 구할 수 있는 대로 구해 정원의 이곳저곳 식재했는데, 사진 속 식물이 가장 커진 개체의 모습으로 아직은 완벽히 자리 잡지 못한 상태다. 너무 작은 모종은 경쟁에 취약하기 때문에 관리가 필요하다.

스타키스 오피키날리스 '후멜로'
Stachys officinalis 'Hummelo'

양지 | 45~60센티미터 | 5 | 2023.6.25. | 숙근초

독일의 육종가 에른스트 파겔스Ernst Pagels가 육종해 그의 친구 피트 아우돌프의 고향 이름 '후멜로'를 붙인 품종이다. 2019년 미국 숙근초협회The Perennial Plant Association '올해의 식물'로 선정되기도 했다. 한국의 장마를 이겨내고 가을과 겨울이 되어도 꽃대와 씨송이의 형태를 유지한다.

풀협죽도 '페퍼민트 트위스트'
Phlox paniculata 'Peppermint Twist'

양지/반양지 | 50~80센티미터 | 5 | 2020.6.27. | 숙근초

흰색 분홍색이 조합된 꽃이 어렸을 때 먹었던 동글납작한 제사용 사탕을 닮은, 만화 같은 플록스다. 풀협죽도 종류는 한번 자리 잡으면 대체로 강건하게 자라며 관리가 쉽다. 4~5년 지나서 너무 개체가 커지면 캐내어 포기나누기를 해 주면 좋다.

애기루드베키아
Rudbeckia triloba

양지 | 60~90센티미터 | 정원 전체 | 2023.6.30. | 두해살이풀

———

뒤편으로 풀협죽도가 꽃망울을 터뜨릴 준비를 하고 있다. 6월 말 정도부터 개화하여 장마가 끝나고 가을로 접어들 때까지 정원에 화사함을 더해 주는 고마운 두해살이풀이다. 현재는 숲새울정원에 토착화되어 이곳저곳에서 자라난다. 정원 가장자리에 가장 왕성하게 자리 잡고 있는데, 이름처럼 하늘거리는 작은 꽃이 화려했던 지난 계절의 정원에 대한 아쉬움을 달래 준다.

아팔래치안승마
Actaea cordifolia

반양지 | 1.2~2미터 | 1, 7 | 2023.6.28. | 숙근초

북미 원산의 이 승마는 존재감이 확실하다. 7~8년 정도 되었는데, 중간에 한 번 자리를 옮겼다. 숲새울정원 환경에서는 2미터 넘게 꽃대를 올린다. 꽃대가 꽤 높이 솟지만, 장마철 내내 스러지지 않는다. 손바닥만 한 잎사귀가 무성해지며 식물 하부의 자리를 많이 차지하기 때문에 넓은 공간에 사용하기를 권한다.

산비탈리아 프로쿰벤스 (품종 미상)
Sanvitalia procumbens

양지 | 7.5~15센티미터 | 1 | 2020.6.29. | 한해살이풀

중남미 원산의 한해살이풀이라 매년 모종을 구입한다. 빽빽이 자리 잡기 때문에, 잡초가 자라지 않았으면 하는 가장자리 화단에 식재하면 좋다. 사진은 많이 확대하여 촬영한 것으로, 꽃의 지름이 1.5센티미터 정도로 작고 귀엽다. 오랫동안 가을까지 지속해서 꽃이 피어 화단을 장식해 준다.

꼬리진달래
Rhododendron micranthum

양지/반양지 | 1.5~2.5미터 | 14 | 2021.6.27. | 관목

여름에 꽃이 피는 우리나라 자생종이다. 처음 정원 공사를 할 때 일하러 오신 분에게 구입했다. 숲새울정원에 자리 잡은 지 20년이 넘었는데, 아직도 잘 자라고 있다. 하얀 꽃잎 밖으로 길게 뻗은 수술이 인상적이다.

캄파눌라 장게주라
Campanula zangezura

양지/반양지 | 20~30센티미터 | 12 | 2023.6.30. | 두해살이풀

동유럽 원산 식물로 내한성 내서성 모두 좋지만 수명이 짧은 숙근초로 보인다. 바위정원이나 자갈정원같이 물 빠짐이 좋은 곳에 심어야 한다. 환경이 맞으면 자연 발아가 잘된다고 한다. 씨가 보이지 않을 정도로 작다.

샤스타데이지 '크레이지 데이지'
Leucanthemum × superbum 'Crazy Daisy'

양지 | 30~75센티미터 | 3 | 2020.6.29. | 숙근초

알리움 아메티스티눔 '레드 모히칸'
Allium amethystinum 'Red Mohican'

양지 | 90~120센티미터 | 3 | 2020.6.29. |
구근식물/캐널 필요 없음

일반적인 샤스타데이지가 지루해졌다면, 다양한 원예종을 시도해 볼 수 있다. 샤스타데이지 '크레이지 데이지'가 레몬색 톱풀을 배경으로 깃털 같은 자태를 뽐내며, 그 사이로 자주알리움 '레드 모히칸'이 빼꼼 얼굴을 내밀고 있다. 이 알리움은 여기저기 퍼지지 않고 제자리를 지킨다.

숲새울정원의 6월 식물

피크난테뮴 무티쿰
Pycnanthemum muticum

양지/반양지 | 30~90센티미터 | 1, 7 | 2023.6.30. | 숙근초

겹에키나세아(품종 미상) 뒤로 피크난테뮴 무티쿰이 화려하게 공간을 차지하고 있다. 겹에키나세아는 수분 매개자에게 불리한 형태라 비생태적인 식물로 알려져 있다. 한동안 엄마가 겹에키나세아를 키우고 싶어서 여러 품종의 씨를 구매하여 모종을 만들었는데, 대부분 홑겹꽃이 나오고 말았다. 겹에키나세아는 모종을 구입하는 것이 확실하다. 피크난테뮴 무티쿰은 수분 매개자들에게 굉장히 좋은 식물인데, 씨송이도 예쁘고 잘 유지된다. 다만 생장력과 경쟁력이 매우 강한 식물이라 숲새울정원처럼 다양한 식물이 자라는 화단의 중앙에 배치하기에는 부담스러운 면이 있다. 건조한 곳 습한 곳 가리지 않고 아주 잘 자란다.

부처꽃
Lythrum salicaria subsp. *anceps*

양지/반양지 | 60~90센티미터 | 5, 7, 9 | 2023.6.25. | 숙근초

우리나라 자생종이며 이곳저곳 잘 퍼지기 때문에 관리가 필요하다. 지루한 장마 끝에도 '예쁜 꽃'을 유지하고 있다. 강릉의 아는 사람에게 선물 받은 식물로, 모종 하나를 심었는데 숲새울정원에서 20년 동안 자리 잡고 살아간다. 줄기 끝부분 잎겨드랑이에 분홍색 꽃이 모여 취산꽃차례로 달리며, 줄기가 자랄 때마다 층층이 꽃을 매단다.

어수리
Heracleum moellendorffii

양지/반양지 | 70~250센티미터 | 1, 11, 12 | 2023.6.25. | 숙근초

숲새울정원 자생종이다. 성장력이 굉장히 강하기 때문에 필요에 따라 제거해야 할 수도 있다. 숲새울정원의 경우 숲정원 가장자리와 수국정원 가장자리로 장소를 제한하여 관리하고 있다. 가지와 줄기 끝에 복산형 꽃차례로 달리는 자잘한 흰색 꽃이 아름답다. 가장자리에 달린 꽃이 가운데 달린 꽃보다 크다.

흰색 꽃이 피는 겹에키나세아(품종 미상)와 보라색 꽃이 피는 두해살이 제비고깔(품종 미상)의 색상이 잘 어우러지고 있다.

숲새울정원의 수국

수국 Hydrangea에는 수많은 품종과 원예종이 있지만, 크게 분류해 보면 다음과 같다.

덩굴성 수국

등수국 H. petiolaris, 바위수국 Schizophragma hydrangeoides(POWO 기준으로 현재 Hydrangea속에 포함되었다), 멕시코 등수국 H. seemannii, 칠레 등수국 H. serratifolia

관목형 수국

구형(볼형) 화형 : 수국 H. macrophylla, 미국수국 H. arborescence
화관형(레이스캡형) 화형 : 수국, 산수국 H. serrata, 아스페라수국 H. aspera
원뿔형 화형 : 나무수국 H. paniculata, 떡갈잎수국 H.quercifolia

일본산 겹산수국 八重きガクアジサイ

영어에는 나름 강하지만, 한자와 일본어에 약한 나는 엄마가 구매한 제품 중에 일본에서 건너 온 식물의 이름을 찾을 때마다 엄청 애를 먹는다. 6월에 만개하는 일본산 겹산수국 중 하나는 이름에 얽힌 미스테리를 밝히느라 구글 번역기를 돌리며 1주일 넘게 고생했던 기억이 생생하다. 2019년도에 숲새울정원에 들인 일본산 식물들은 찾아보니 주로 시즈오카의 '카모정원 kamoltd.co.jp'이라는 곳에서 육종된 것으로 보인다.

숲새울정원에는 아직 꽃을 피우지 못하는 바위수국, 등수국과 월동에 취약한 수국, 마음껏 세를 불리는 미국수국 '애나벨 Annabelle', 숲새울정원 자생종을 포함한 다양한 산수국, 나무수국, 떡갈잎수국 등이 있다.

공 모양으로 흐드러지게 꽃을 피우는 수국의 꽃대가 겨우내 동해를 입으면 이듬해 꽃을 피우지 못하고 '깻잎 수국'으로 전락하게 된다. 숲새울정원의 수국은 아래 사진처럼 엄마가 볏짚 거적으로 꽃대를 하나하나 싸 주었기 때문에 다음 해에도 꽃을 피울 수 있었다. 지금은 그렇게 하나하나 싸 주지 않고, 꽃을 피우지 못하는 수국을 내한성이 강한 다른 수국 종으로 대체했다. 처음에는 꽃송이 하나가 사람 머리만 한 미국수국 '애나벨'이 정말 좋았다. 당년지에서 꽃대가 나오므로 월동을 걱정할 필요도 없고, 공간을 꽉 채워 주기 때문이었다. 이제는 수많은 품종이 거주하는 숲새울정원에서 너무 '얼굴이 큰' 미국수국 '애나벨'은 환영받지 못한다. 비가 세차게 오면 금세 스러져서 보기에도 좋지 않기 때문이다. 그래서 이후에는 '얼굴이 작은' 미국수국을 식재했다.

수국은 다양한 종을 함께 심으면 훨씬 흥미로운 풍경을 만들어 낸다. 다양한 조합을 시도해 보자.

월동에 취약한 숙근초나 가을에 새로 심은 관목 위주로 볏짚 거적을 이용해 보온해 준다. 예전에는 겨우내 꽃대가 얼어 버리는 수국 꽃대를 하나하나 볏짚으로 싸 주었는데, 지금은 그렇게 하지 않고 월동 가능한 종류만 기르고 있다.

품종 미상의 산수국과 미국수국.

수국 '키리시마 노 메구미Kirishima No Megumi', 나무수국, 미국수국.

미국수국과 아스틸베.

홍조팝과 산수국.

플록스(흰색), 수국(아이보리색), 수국 '키리시마 노 메구미'(푸른색), 미국수국(분홍색).

흰색 꽃을 피우는 아스틸베 사이에 붉은색 꽃을 피우는 아스틸베로 포인트를 주고, 그 사이에 연분홍색 꽃을 피우는 미국수국(품종 미상)을 심었다. 화단 가장자리에 다양한 휴케라 *Heuchera*(품종 미상)와 휴케렐라 *Heucherella*(품종 미상)도 식재했다. 휴케라 사이에 색이 고운 사초를 식재하면 단조로움을 피할 수 있다.

별 모양의 꽃이 중첩되는 화관형 수국과 황금빛 호스타 잎의 조화.

품종 미상의 나무수국과 미국수국.

화관형 수국과 구형 수국.

구형(공 모양) 수국은 무성화(헛꽃)를 풍성하게 피워 낸다. 무성화와 유성화가 같이 있는 산수국은 수정이 되면 무성화가 뒤집어진다.

청보리와 알리움의 씨송이가 정원에 질감을 주는 동시에 자연스러운 분위기를 더한다.

숲새울정원의 7·8월 식물

자주회향
Foeniculum vulgare 'Purpureum'

양지 | 90~150센티미터 | 6 | 2020.7.1. | 숙근초

―――

'브론즈 펜넬'이라는 이름으로 널리 유통되는 자주회향은 숙근초로 알려져 있지만 숲새울정원에서는 3년 이내로 산다. 사진은 다알리아 '플레뢸' *Dahlia* 'Fleurel'과 '빅브라더 Big Brother' 그리고 능소화 *Campsis grandiflora*가 함께 어우러진 모습이다.

트라키메네 코이룰레아
Trachymene coerulea

양지/반양지 | 40~50센티미터 | 11 | 2020.7.1. | 한해살이풀

'디디스커스'라고도 부르는 이 호주 원산의 식물은 한 번 보면 그 모습을 잊기 어렵다. 한해살이풀이며 절화용으로도 널리 이용된다. 숲새울정원에서 자연발아된 적은 없지만, 씨에서 발아가 잘되기 때문에 채종해서 모판에 모종을 만들어 쓴다.

리아트리스 스피카타 (품종 미상)
Liatris spicata

양지 | 60~120센티미터 | 5, 6 | 2020.7.1. | 숙근초

연보랏빛 꽃이 위에서 아래쪽을 향해 차례로 피어난다. 리아트리스는 씨송이까지 예쁘게 남아 있어 정원에 들이면 좋은 숙근초다. 뿌리는 구경球莖 형태이며 강건해서 별다른 관리가 필요 없다.

하늘바라기 '아사히'
Heliopsis helianthoides 'Asahi'

양지 | 60~90센티미터 | 11 | 2020.7.1. | 숙근초

정말 좋은 여름꽃이다. 버드쟁이나물 '호르텐시스' *Kalimeris pinnatifida* 'Hortensis'처럼 작은 노란색 꽃을 피우지만 좀더 단정한 모습이다. 지나치게 세를 불리지도 않고 제자리를 지키며 수명이 길다.

피크난테뭄 베르티실라툼
Pycnanthemum verticillatum

양지 | 60~120센티미터 | 6 | 2023.7.16. | 숙근초

피크난테뭄 무티쿰에 비해 꼿꼿하며 덜 퍼진다. 북미 원산이며 보라색 반점이 있는 꽃잎이 인상적이다. 2022년 봄에 심었고, 사진은 2023년 7월의 모습이다.

접시꽃 '애플 블러섬'
Alcea rosea 'Apple Blossom'

양지 | 1.5~1.8미터 | 5 | 2021.7.1. |
두해살이풀/숙근초

꽃이 질 때도 예쁜 이 식물은 참 고맙다. 꽃의 모양을 보면 녹아 짓무르며 퇴색하여 떨어질 것 같은데, 예쁜 모습 그대로 떨어진다. 씨로 발아시켜서 모종을 만들어 가을에 식재하면 겨울을 나고 이듬해 탐스러운 분홍빛 겹꽃이 핀다. 환경이 맞으면 1~2년 더 유지되기도 한다. 교잡이 잘 이루어지기 때문에 집에서 받은 씨의 경우 동일한 개체가 나오지 않을 가능성이 크다. 확실하게 동일한 개체를 보고 싶다면 모주 뿌리에서 나온 순을 따서 basal cutting 삽목으로 모종을 낸다.

에링기움 플라눔 (추정)
Eryngium planum

양지 | 60~90센티미터 | 5 | 2020.7.2. | 숙근초

아는 사람의 정원에 있던 꽃받침이 넓은 에링기움이 예뻐서 씨를 받아서 심었는데, 모체와는 다른 품종이 나왔다. 아무래도 원종에 가까운 것 같다. 강건하고 오래 지속된다. 6~7년 정도 정원에서 유지되고 있는데, 자연발아도 잘된다. 엄마는 꽃받침이 큰 에링기움을 키우고 싶어 하지만 숲새울정원에서는 잘 녹아 없어진다. 유카잎에린지움 *Eryngium yuccifolium* 같은 경우, 두 개 중 한 개만 살아남았다. Zone 3~8의 식물로 내한성은 문제없으니, 과습이 문제였던 것 같다.

디에라마 풀케리뭄 (품종 미상)
Dierama pulcherrimum

양지 | 60~150센티미터 | 11 | 2023.7.3. | 숙근초

솔나물
Galium verum subsp. *asiaticum*

양지 | 79~100센티미터 | 7 | 2023.7.3. | 숙근초

'천사의 낚싯대'라고도 부르는 남아공 출신의 디에라마는 Zone 7~10의 식물로 사실상 숲새울정원에 적합한 식물은 아니다. 하지만 온실에서라도 실제 식물을 보고 싶었던 엄마가 씨를 구해 상당히 많은 모종을 만들어 낼 수 있었다. 그중 몇 개를 혹시나 하는 마음에 정원에 심고 겨우내 거적을 덮어 보온해 주었는데, 두 번의 겨울을 거친 디에라마 한 개체가 정원에서 꽃을 보여 주었다. 개체가 작은 것인지, 겨울이 추웠는지 디에라마의 화려한 모습은 아직까지 보지 못했다.

우리나라 자생종이라고 해서 호기심이 생겨 구입했고 3년 정도 길렀다. 식재한 지 2년이 된 해부터 꽃을 보았다. 자잘한 노란색 꽃이 원추꽃차례로 달리고, 솔잎 같은 가느다란 잎이 특징이다. 숲새울정원의 환경이 영양이 풍부하고 습해서인지 꽃대가 자라면서 잘 쓰러지기 때문에 지지대를 이용해 준다. 척박한 양지의 환경에서는 꼿꼿이 서는 모습을 관찰할 수 있다. 사진은 솔나물과 어우러져 있는 자주천인국 *Echinacea purpurea* (품종 미상). 이 에키나세아는 엄마가 친구에게 선물받아 심었는데 정원에서 오래 유지되고 있다.

일본나도승마
Kirengeshoma palmata

반양지/음지 | 90~120센티미터 | 13 | 2023.7.3. | 숙근초

한 포기 사서 심은 식물인데 지금은 뿌리 나누기를 해서 개체 수를 많이 늘렸다. 숲새울정원에서 6~7년 정도 되었다. 그늘을 참 좋아하는 식물이라 밤나무 그늘 아래에서 아주 잘 자리 잡고 있다. 수국과 식물로 옐로 왁스벨 yellow waxbells이라고도 부른다. 단풍잎을 닮은 넓적한 잎과 우아한 연노란색 꽃이 특징이다.

노루오줌
Astilbe chinensis

반양지 | 60~120센티미터 | 12 | 2023.7.3. | 숙근초

산에서 흔히 볼 수 있는 우리나라 자생종인 이 노루오줌은 우리보다 먼저 숲새울정원에 자리 잡고 있었던 터줏대감이다. 원예종에 비해 키가 크고 꽃대가 성글며 길쭉하고, 연분홍색 꽃이 달린다. 씨송이가 되어도 곧게 오랫동안 유지되는 참 멋진 식물이다. 내가 가장 좋아하는 아스틸베 종류다.

장구채산마늘
Allium sphaerocephalon

양지 | 60~90센티미터 | 정원 전체 | 2020.7.2. | 구근식물/캐널 필요 없음

수잔루드베키아 (품종 미상)
Rudbeckia hirta

양지 | 60~90센티미터 | 정원 전체 | 2020.7.2. | 두해살이풀

수잔루드베키아 '모레노'
Rudbeckia hirta 'Moreno'

양지 | 30~45센티미터 | 5 | 2023.7.3. | 두해살이풀

———

장구채산마늘은 '드럼스틱 알리움'으로 많이 알려져 있다. 한번 식재해 놓으면 토착화가 잘 되어 이곳저곳에서 등장하는 귀여운 알리움이다. 사진은 두 가지 품종의 수잔루드베키아가 보라색 꽃을 피운 장구채산마늘과 어우러져 있는 모습. 수잔루드베키아는 두해살이풀로 알려져 있는데, 품종에 따라 환경이 맞으면 1~2년 정도 더 유지될 때도 있다.

트라켈리움 세룰레움 (품종 미상)
Trachelium caeruleum

양지 | 60~90센티미터 | 5 | 2022.7.6. | 숙근초

'석무초'라고도 부른다. 남유럽·북아프리카 원산으로 숲새울정원에서는 월동할 수 없기 때문에 꽃이 지면 캐내어 겨우내 온실에 보관하거나 삽목해서 모종을 준비해 둔다. 사진에서는 비슷한 색상의 장구채산마늘과 섞여 있어 쉽게 식별하기 어려운데, 꽃은 '레이스 플라워' 형태를 하고 있다. 절화용으로 많이 유통된다.

이탈리아목형
Vitex agnus-castus

양지 | 2.4~3미터 | 10 | 2023.7.8. | 관목

작은 묘목을 구입해서 심었는데 매우 잘 자란다. 1차 개화 후 꽃대를 잘라 주면 한 번 더 멋지게 꽃을 피운다. 내한성이 Zone 6으로 표기되어 있지만, 숲새울정원에서 월동이 가능하다. 식재한 후 보온해 준 적도 없다. 맹아가 없어 수형이 잘 유지되며, 삽목도 잘된다.

범부채
Iris domestica

양지 | 60~120센티미터 | 정원 전체 | 2023.7.8. | 숙근초

20년이나 된 숲새울정원의 터줏대감이다. 윤기 나는 동그랗고 검은 열매도 예쁜데, 종자로 잘 퍼진다. 사진의 개체는 씨가 퍼져 생긴 개체인데, 씨방 속 여러 개의 씨가 사이좋게 발아한 것 같다. 잎 모양이 부채처럼 펼쳐지고 주황색 꽃잎에 얼룩 반점이 범을 연상시킨다 해서 범부채라는 이름이 되었다고 한다.

대나물
Gypsophila oldhamiana

양지 | 50~100센티미터 | 3 | 2023.7.16. | 숙근초

새로 들여온 우리나라 자생 숙근초다. 바위틈이나 절벽 같은 서식처와 비슷한 환경을 만들어 주기 위해 바위 위쪽 비탈지에 식재했다. 줄기 끝에 취산꽃차례로 많은 작은 꽃이 달린다. 종자로 자연번식이 잘된다.

꽃배초향 '블루 포춘'
Agastache 'Blue Fortune'

양지 | 60~100센티미터 | 5 | 2023.7.16. | 숙근초

가을까지 씨송이가 예쁜 모습으로 남아 있는데, 개체가 해를 거듭하며 커져 여름비에 쓰러지는 경향이 있다. 그래서 미리 원형 지지대를 설치해서 그 안쪽으로 유도해서 기른다. '블루 포춘' 꽃이 만개하는 7월 중순이 배추흰나비가 가장 많이 보이는 시기다. 숲새울정원에는 봄형보다 여름형 나비들이 많이 나타난다. 이 시기에 정원에 들어서면 수많은 배추흰나비의 환상적인 날갯짓을 볼 수 있다.

좀새풀 '골트타우'
Deschampsia cespitosa 'Goldtau'

양지/반양지 | 80~100센티미터 | 5 | 2023.7.20. | 숙근초

숲새울정원처럼 다양한 초화류가 많은 가정정원에 그라스를 도입하는 일은 주의가 필요하다. 억새나 큰개기장 같은, 최근 인기 많은 그라스는 한번 자리를 잡고 덩치를 키우면, 쉽게 캐내기 어렵기 때문이다. 전문 장비가 없어 힘으로 제거할 수 없다면 싹이 날 때마다 바짝 잘라 주면 된다. 좀새풀은 덜 억센 잎이 낮게 깔리는 편이기는 하다. 숲새울정원의 경우 처음 심어 보는 것이라 만일의 경우에 대비해 화단의 끝 쪽에 식재했다. 이름처럼 이삭이 '금빛이슬' 같이 영롱하고 아름답다.

큰제비고깔
Delphinium maackianum

양지/반양지 | 90~180센티미터 | 12 | 2023.7.20. | 숙근초

―

우리나라 자생종이며 야생에서는 숲가장자리에서 자라난다. 여러 장소에서 테스트한 결과 큰제비고깔이 가장 좋아하는 곳을 찾아냈는데, 반양지의 숲정원 화단이다. 검은빛을 띠는 보라색 중심이 꽃 하나하나를 더 특별하게 만들어 주는 듯히다. 원예종 델피니움이 여름에 녹아 내리는 것에 비해 큰제비고깔은 우리나라의 기후에 알맞다. 뿌리내린 장소에 씨를 뿌리며 스스로 잘 자라난다.

부산꼬리풀
Pseudolysimachion pusanensis

양지 | 20~30센티미터 | 5 | 2023.7.24. | 숙근초

―

종소명에 '부산'이 들어가 있는 자랑스러운 우리 꽃이다. 원래 부산 해안가에서 발견되는 특산종이었는데, 부산시에서 대량 증식에 성공하여 대중에 보급되었다. 눕는 경향이 있고, 연두색 봉우리에서 연보랏빛 꽃이 피어날 때 색의 조합이 아름다우며, 가을 씨송이도 예쁘다.

산비장이
Serratula coronata subsp. *insularis*

양지/반양지 | 60~150센티미터 | 11 | 2021.8.13. |
숙근초

―

우리나라 자생종으로, 모종을 구입해 심었다. 정원 여러 곳에 심었는데 해가 더 드는 곳에서 잘 자란다. 꽃이 엉겅퀴와 매우 유사하지만 가시가 없는 점이 다르다. 키가 매우 커서 잘 자리 잡은 개체 하나로도 화려해 보인다. 가을이 되어 마른 꽃송이도 독특하고 예쁘다.

에밀리아 자바니카 '아이리시 포잇'
Emilia javanica 'Irish Poet'

양지 | 50~60센티미터 | 10 | 2021.8.20. | 한해살이풀

―

주로 '태슬 플라워'라는 이름으로 유통되는 이 식물은 '태슬'이라는 이름답게 하늘하늘한 꽃대 위에 진한 주황색 술 같은 꽃이 핀다. 아프리카 원산의 한해살이풀로, 채종이 필수지만 자연발아가 되기도 한다.

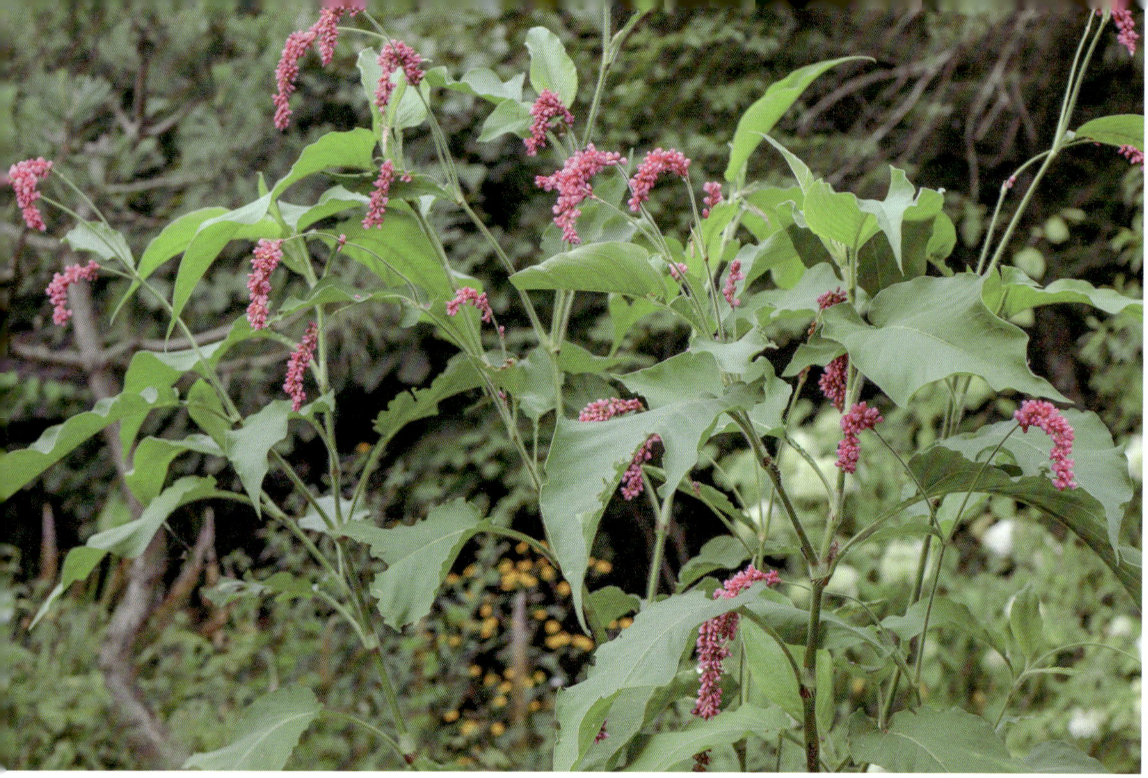

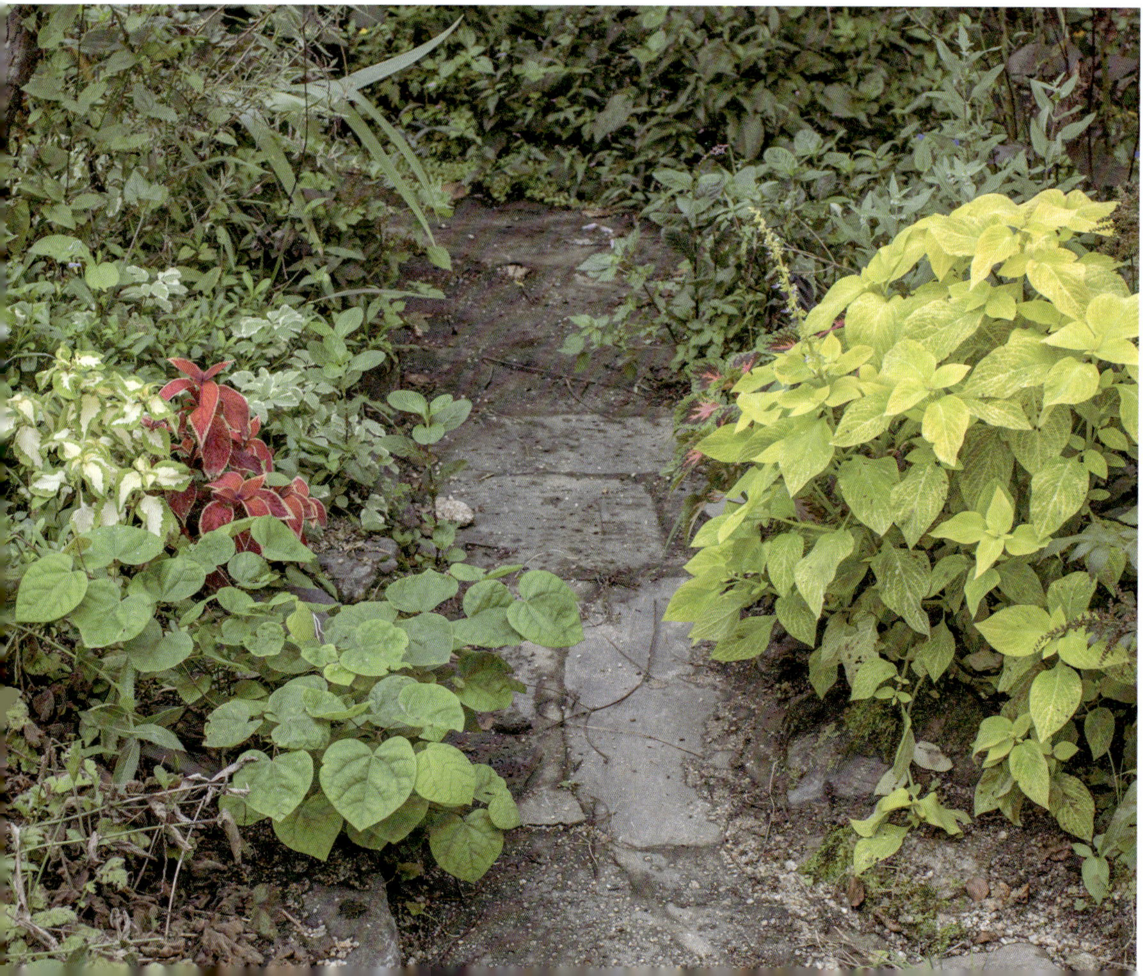

털여뀌
Persicaria orientalis

양지/반양지 | 1.2~2.1미터 | 정원 전체 | 2021.7.29. | 한해살이풀

'노인장대'라고도 부른다. 이름 때문인지, 볼 때마다 키가 컸던 돌아가신 할아버지가 떠오른다. 한해살이풀로 정원 이곳저곳에서 돋아난다. 줄기 전체에 긴 털이 나 있으며, 꽃은 가지 끝에서 밑으로 처지면서 빽빽하게 수상꽃차례로 달린다.

칸나 게네랄리스 '망고'
Canna × generalis 'Mango'
(Cannova® Mango Canna Lily)

양지 | 70~120센티미터 | 3 | 2022.8.15. | 괴경식물/캐내어 보관

키가 너무 크지 않은데 꽃송이가 크고, 바나나잎을 닮은 잎도 예쁜 식물이다. 카리브해가 떠오르는 이국적인 이 식물은 꽃 색도 은은해서 아주 좋아하는 품종이다. 매년 심는데, 종자 발아도 괴경 번식도 잘되어서 화분에 심기에도 좋다. 숲새울정원에서는 월동할 수 없어 서리가 오기 전에 뿌리를 캐서 상자에 담아 겨울 동안 얼지 않는 곳에 두었다가 4월 초에 심는다. 은은한 아이보리색 꽃을 피우는 오이풀(품종 미상)과 식재해 주면 잘 어울린다.

콜레우스 스쿠텔라리오이데스
Coleus scutellarioides

반양지/음지 | 30~90센티미터 | 9 | 2022.8.31. | 숙근초

숙근초지만 내한성 Zone 10 식물이라 숲새울정원에서는 한해살이풀로 취급한다. 모종을 구입해서 4월 초에 심는다. 붉은색, 자주색, 진분홍색 등의 화려한 색이 잎 중심부를 물들이고 있는 이 숙근초는 가을 정원에 매력적인 빛을 더한다. 늦여름에 꽃이 피고 서리가 내릴 때까지 남아 있다.

댑싸리
Bassia scoparia

양지 | 60~90센티미터 | 10 | 2022.8.31. | 한해살이풀

―

요즘 여기저기에서 많이 볼 수 있는 식물. 너무 많이 퍼질 수도 있어 걱정스럽기는 하지만 잎도 줄기도 진분홍색으로 물드는 가을의 댑싸리를 포기하기는 어렵다.

부추
Allium tuberosum

양지 | 30~60센티미터 | 10 | 2022.8.31. |
구근식물/캐널 필요 없음

―

채소로 유명한 알리움속 식물이다. 부추를 먹지 않고 그대로 기르면, 이렇게 훌륭한 꽃을 피우는 가을 정원 식물이 된다. 초장도 길고 겨울까지 씨송이가 너무 예쁘게 달려 있어 추천하고 싶은 식물이다.

수국 삽목하는 방법

6월 중순부터 7월 초에 본격적으로 찾아오는 덥고 습한 장마철은 여러 가지 식물을 삽목하기 좋은 계절이다. 특히 7월이 시작되면 개화기가 끝난 수국을 삽목한다. 수국은 휘묻이로도 쉽게 증식시킬 수 있다. 다량의 증식이 필요하지 않은 경우 휘묻이를 하는 것도 방법이다. 긴 줄기를 지면으로 당겨 중간 부분을 흙속에 살짝 묻어 주고 돌같이 무거운 것으로 눌러 두면 된다.

① 꽃이 피지 않은 줄기를 골라, 아래에서 세 마디를 남기고 잘라 삽수를 채취한다.
② 맨 위의 새싹은 잘라 주고, 나머지 잎들은 1/3 정도 남기고 잘라 준다.
③ 줄기 아랫부분을 어슷하게 자른다.
④ 물에 30분 이상 담가 둔다.
⑤ 삽목용 배지(상토, 오아시스, 압축피트, 압축토 등)에 식재한다.
⑥ 관수를 하며 삽수가 잘 고정되었는지 확인하면서 고정해 준다.
⑦ 날짜를 적은 후에 습하고 해가 부드럽게 드는 장소에 두면 좋다. 숲새울정원의 경우 온실 가장자리에 놓아 둔다.
⑧ 삽수가 움직이지 않게 고정해 주고 흙이 마르지 않게, 그러나 물이 고이지 않게 유지해야 한다.

좀새풀 '골트타우' *Deschampsia cespitosa* 'Goldtau'.

아그배나무 아래에서 미국수국이 풍성하게 꽃을 피웠다. 그 사이에서 피어난 모나르다와 풀협죽도의 선명한 꽃색이 눈에 확 들어온다.

아스틸베 *Astilbe* 와 플록스 *Phlox*.

황화일본나리 *Lilium speciosum* 와 산당근 *Daucus carota*.

숲새울정원의 가을·겨울 식물

백일홍 ('자하라 믹스Zahara Mix'로 추정)
Zinnia

양지 | 30~40센티미터 | 5 | 2022.9.3. | 한해살이풀

―

한 포기에서 꽃대가 많이 올라오고 개화기가 굉장히 길다. 아는 사람이 꽃밭에 대량으로 만들어 놓은 모종을 한 무더기 퍼 왔다. 노지 발아가 잘되며, 이모작이 가능하다. 장마 전에 심어 두면 가을에 예쁜 꽃을 볼 수 있다. 서리가 올 때까지 계속 여러 가지 색의 꽃이 핀다.

헬레니움 '무어하임 뷰티'
Helenium 'Moerheim Beauty'

양지 | 60~90센티미터 | 5 | 2022.9.3. | 숙근초

―

노란색 꽃이 피는 헬레니움만 식재해 왔다. 다른 색 꽃이 피는 품종들은 제대로 크지 않았기 때문이다. 피트 아우돌프 덕분에 유행한 '무어하임 뷰티' 품종을 식재해 보았는데 포기가 잘 늘어나고 강건하다. 꽃잎 가장자리에 금색을 칠한 듯한 짙은 주황색 꽃을 피우는 이 식물은 여름부터 가을까지 개화기가 길다. 꽃이 진 후 잘라 주면 새로 꽃대를 올린다.

쪽
Persicaria tinctoria

양지/반양지 | 30~60센티미터 | 정원 전체 | 2022.9.19. | 한해살이풀

우리가 잘 알고 있는 '쪽빛'이 바로 이 식물의 색으로, 쪽 잎은 짙푸른색 염료를 만드는 데 이용된다. 여뀌와 비슷하게 줄기 윗부분 잎겨드랑이나 줄기 끝에 수상꽃차례로 붉은빛이 도는 자잘한 꽃이 달린다. 몇 년 전 엄마가 같은 공방에 다니는 친구에게 몇 포기 받았는데, 지금은 온 정원에 퍼져 있다. 어울릴 만한 곳만 제외하고 모두 제거하는데, 매우 쉽게 뽑아 낼 수 있다. 봄의 화단에서는 제거하기 바쁘지만, 꽃을 보기 어려워지는 가을에는 매우 반가운 식물이다. 아래 사진은 털여뀌와 쪽이 어우러진 모습.

솔체꽃
Scabiosa comosa

양지/반양지 | 50~90센티미터 | 12 | 2022.9.24. |
두해살이풀

―

우리나라 자생종이라는 설명을 듣고 농원에서 구입한 식물이다. 줄기 끝에 머리모양꽃차례로 푸른빛이 도는 연보랏빛 꽃이 핀다. 토착화가 잘되는 곳에서는 번성한다고 하는데, 숲새울정원은 식물 종이 많아서 그런지 잘 자라지 못한다.

왜승마 (품종 미상)
Actaea japonica

양지/반양지 | 30~40센티미터 | 14 | 2022.9.24. |
숙근초

―

승마 종류 중 가장 늦게 개화한다. 승마는 숲정원에 어울리는 식물이라 다양한 종류를 수집하는 편이다. 흰색 꽃이 짐승의 하얗고 긴 꼬리처럼 수상꽃차례로 달린다. 긴 잎자루 끝에 달리는 손바닥 모양으로 갈라지는 잎도 예쁘다.

이포메아 로바타
Ipomoea lobata

양지 | 3~4.8미터 | 2, 7 | 2020.9.24. | 덩굴성 숙근초

멕시코 원산의 이 식물은 '폭죽덩굴'이라고도 부른다. 숙근초지만 내한성이 Zone 10이라 항상 씨를 받아 둔다. 종자로 발아시키기가 쉽지 않은데, 의외로 기존에 식재해 두었던 화분에서 여름에 더 자연발아가 되기도 한다. 뜨끈한 물을 넣은 보온병에 하룻밤 넣었다가 발아시키면(온탕 침지) 잘된다고 한다. 열대식물이라 그런 것 같다. 미니 고추 같은 모양의 꽃이 피는데 붉은색에서 연한 노란색, 흰색으로 점차 변한다.

궁궁이
Angelica polymorpha

양지/반양지 | 80~150센티미터 | 10 | 2022.9.24. | 숙근초

여러해살이 '레이스 플라워' 종류를 구하고 있었는데 아는 분이 선물해 주었다. 숲새울정원에서는 4~5년 정도 되었다. 개울가에서 많이 자란다고 '도랑대'라고도 부르는 중국 원산의 궁궁이는 겹산형꽃차례로 화려한 꽃이 피고, 늦가을 씨방도 너무 아름답다. 약재로도 이용되는 식물이라고 한다.

석산
Lycoris radiata

양지/반양지 | 30~60센티미터 | 10 | 2021.9.17. |
구근식물/캐널 필요 없음

'꽃무릇'이라고도 부른다. 수선화과 식물로 붉디붉은 꽃이 진 후에 짙은 녹색 잎이 나온다. 꽃술의 길이가 꽃잎보다 훨씬 길게 뻗은 모습이 독특하다. 상사화라 부르는 사람도 있지만 상사화는 연분홍색 꽃을 피운다. 가을의 어느 날 마법처럼 자라나 아름다운 꽃을 피우는데, 옮기는 것을 싫어해서 자리를 이동해 식재하면 몇 해 동안 꽃을 피우지 않는다.

개맨드라미 '플라밍고 페더'
Celosia argentea 'Flamingo Feather'

양지 | 60~90센티미터 | 5, 11 | 2021.10.5. | 한해살이풀

숲새울정원은 장미와 작약을 비롯해 5~6월에 만개하는 꽃이 많고, 그라스가 많이 식재되어 있지 않기 때문에 무더운 여름 이후에 찾아오는 9~10월의 정원은 다양한 한해살이풀들이 채워 준다. 특히 여러 종류의 맨드라미를 심는데, 그중 가장 사랑받는 맨드라미가 '여우꼬리 맨드라미'라 불리는 이 맨드라미다. 끝이 연보랏빛인 풍성한 여우 꼬리를 보는 것 같은 느낌을 주는 식물이다. 9월부터 10월까지 지속적으로 꽃이 피며 씨송이도 예쁘다. 씨를 받아 두었다가 2월에 모관에 파종하여 4월 중순에 내다 심는다.

멜리니스 네르비글루미스 '사바나'
Melinis nerviglumis 'Savannah'

양지 | 15~45센티미터 | 3, 10 | 2021.9.27. | 숙근초

숙근초지만 내한성이 Zone 8이라 항상 씨를 받아 두며, 발아가 잘된다. 숲새울정원에서 가장 사랑받는 그라스로 가을에 자주색 꽃이 피며 겨울까지 씨송이가 은색으로 남아 있다. 숲새울정원에서는 한해살이풀이라 생각하고 심기 때문에 매해 장소를 바꾸어 가며 어울리는 곳을 찾아 심는다. 이 식물의 씨송이가 맺히면 채종할 시기다. 이 식물은 겨울까지 잎과 씨송이가 아름답게 유지된다. 남부지방의 경우 스스로 씨를 뿌려 월동 후에 지저분하게 퍼진다고 하니 심기 전에 참고할 필요가 있다.

버들잎해바라기 (품종 미상)
Helianthus salicifolius

양지 | 2~3미터 | 4 | 2021.10.5. | 숙근초

파인애플세이지
Salvia elegans

양지 | 90~200센티미터 | 4 | 2021.10.5. | 숙근초

―

가을 꽃시장을 화려하게 장식하는 '골든 피라미드'가 버들잎해바라기의 한 품종이다. 키가 매우 크기 때문에 지지할 지지대나 식물이 있는 곳에 식재하는 것이 좋다. 파인애플세이지는 숙근초지만 내한성이 Zone 8로 숲새울정원에서는 월동할 수 없다. 그래서 뿌리를 파서 온실에 두었다가 4월쯤 내다 심는다. 그렇게 하면 따로 모종을 구입하지 않아도 되고 크게 볼 수 있다는 장점이 있다. 사진은 노란색 꽃을 피운 버들잎해바라기가 붉은색 꽃을 피운 파인애플세이지와 조화를 이루는 모습.

멕시칸세이지 ('벨로어 화이트 Velour White'로 추정)
Salvia leucantha

양지 | 1~1.5미터 | 6 | 2020.10.14. | 숙근초

―

내한성 Zone 8의 숙근초다. 파인애플세이지와 마찬가지로 뿌리를 파내어 온실에 두었다가 내다 심는다. 사진은 하얀 꽃이 피기 전 봉오리의 모습이다. 벨벳 같은 꽃받침이 특징이다.

개미취 '진다이'
Aster tataricus 'Jindai'

양지 | 80~120센티미터 | 11 | 2022.10.31. | 숙근초

일본에서 개미취를 개량해 선발한 품종으로 연보라색 꽃이 풍성하게 달리는 아스테르다. 야생 개미취보다 줄기가 튼튼하고 늦게 꽃이 핀다. 사진은 만개한 개미취 '진다이' 꽃이 털부처꽃 '스월' *Lythrum salicaria* 'Swirl'의 씨송이와 조화를 이룬 아름다운 모습. 먼 뒤편으로 노랗게 단풍이 든 히어리의 잎이 보인다.

천일홍 (품종 미상)
Gomphrena globosa

양지/반양지 | 80~150센티미터 | 10 | 2022.9.24. | 숙근초

예전에는 진분홍색 꽃을 피우는 천일홍 일색이었는데, 최근은 파스텔톤을 비롯해 다양한 색상의 원예종이 유통되고 있다. 씨를 받아 두었다가 2월에 모판에 파종하여 4월 중순에 내다 심는다. 절화로도 좋고 장식용 드라이플라워로 이용하기에도 좋다.

산국
Chrysanthemum boreale

양지 | 1~1.5미터 | 3, 6, 10 | 2021.10.10. | 숙근초

니포난테뭄 니포니쿰 (해변국화, 일본데이지)
Nipponanthemum nipponicum

양지 | 30~90센티미터 | 6 | 2021.10.10. | 숙근초

숲새울정원에서 자생하는 식물이다. 너무 많이 퍼지기 때문에 개체 수를 관리한다. 감국 *Chrysanthemum indicum*과 유사하지만 꽃이 더 작다. 숲새울정원에는 산국이 많이 퍼져 있는데, 구절초와 함께 6월 초에 적심(초목의 곁순을 잘라 내는 일)을 해 주면 좋다. 봄꽃 길을 따라 흐드러지게 노란색 꽃이 피는데, 그곳을 지나다닐 때마다 국화 향에 취한다. 꿀벌들도 많이 찾는다. 아래 사진은 돌 축대에 심은 니포난테뭄 니포니쿰과 산국의 모습.

아크멜라 (품종 미상)
Acmella oleracea

양지/반양지 | 30~40센티미터 | 5 | 2022.9.24. | 한해살이풀

씨를 받아 모종을 낸다. 꽃 중앙부의 자주색이 가을빛과 아주 잘 어울리며, 도토리 같기도 하고 동그란 눈알 같기도 한 노란색 꽃 모양이 귀엽고 재미있다.

암플렉시카울리스 여뀌 '알바'
Bistorta amplexicaulis 'Alba'

양지/반양지 | 90~120센티미터 | 7, 9 | 2022.9.19. |
숙근초

여름부터 가을까지 지속적으로 꽃을 피우는 첨탑형의 흰 꽃대가 하늘거리는 모습이 아름답다. 다소 건조한 양지 조건에서도 잘 자라는 강건한 품종이다. 다소 큰 잎이 하부를 채워 준다.

암플렉시카울리스 여뀌 '팻 도미노'
Bistorta amplexicaulis 'Fat Domino'

양지/반양지 | 80~100센티미터 | 9 | 2022.9.19. |
숙근초

무더운 여름에는 생장이 더디다가, 가을이 되어 시원해지면 짙은 붉은색을 띤 통통한 꽃이삭이 풍성하게 피어나서 늦가을까지 계속 개화한다. 다소 큰 잎이 하부를 채워 준다.

아스테르 에리코이데스 (품종 미상)
Aster ericoides

양지 | 30~90센티미터 | 5 | 2022.9.19. | 숙근초

'분수아스터'라는 이름으로 유통된다. 원종의 꽃 색은 흰색이지만 숲새울정원의 '분수아스터'의 꽃은 연분홍색 또는 연한 라벤더색이다. 잎이 가늘고 짧으며, 1~2센티미터 정도의 자잘한 꽃이 무수히 달려 풍성한 느낌을 준다. 강건하며 수분 매개자를 위한 훌륭한 식물이다. 이름이 '분수아스터'라 식물이 늘어질 것이라 예상해 큰 옹기에 식재했는데, 생각보다 분수 같은 느낌으로 자라지 않았다.

버드쟁이나물 '호르텐시스'
Kalimeris pinnatifida 'Hortensis'

양지/반양지 | 60~90센티미터 | 5 | 2022.9.19. | 숙근초

'운남국화' 또는 '운남소국'이라는 이름으로 불리기도 한다. 몸집을 굉장히 잘 키우며 강하다. 잡초들 사이에서도 살아남을 수 있는 품종이다. 작은 꽃은 흰색 겹꽃이며, 톱니 모양의 잎이 국화를 닮았다. 7월에 1차 개화한 후 한 번 잘라 주면 다시 꽃대를 올려 개화한다. 사진은 2차 개화를 한 모습이다.

까실쑥부쟁이 '에조 무라사키'
Aster ageratoides 'Ezo Murasaki'

양지/반양지 | 60~90센티미터 | 9 | 2021.10.10. | 숙근초

―

노란색 중심부와 보랏빛 꽃잎의 조화가 돋보이는 아스테르다. 주로 '청화쑥부쟁이'라는 이름으로 유통된다. 이른 봄 개구리와 도롱뇽의 산란 시기를 제외하고는 건천으로 유지되는 연못 바닥으로 흘러내리듯이 연출했다. 잘 퍼지기 때문에 관리가 필요하다.

코노클리니움 코일레스티눔
Conoclinium coelestinum

양지/반양지 | 45~90센티미터 | 2, 4, 5 | 2020.10.14. | 숙근초

―

꽃이 아게라텀*Ageratum*과 유사한데 여러해살이풀이기 때문에 숙근 아게라텀이라 부르기도 한다. 국화과 식물이며 푸른빛을 띤 연보라색 꽃을 피운다. 바깥쪽 꽃이 먼저 피고 안쪽이 나중에 핀다. 자연발아도 뿌리 번식도 잘 이루어져 잡초처럼 번지는 습성이 있다. 사진은 숲새울정원에 자생하는 구절초 *Dendranthema zawadskii* var. *latiloba*와 조화를 이루는 모습.

풍지초 '아우레올라'
Hakonechloa macra 'Aureola'

반양지/음지 | 30~60센티미터 | 12 | 2022.11.09. | 숙근초

부식질이 많고 촉촉한 반음지의 환경이라면 가을까지 아름답고 관리가 그리 까다롭지 않은 좋은 그라스다. 국내에 다양한 품종이 도입되어 있는데 최근에는 '아우레올라'처럼 황금빛이 도는 풍지초가 유행하는 것 같다. 이 품종은 짙은 그늘에 배치되면 잎색이 라임색으로 변한다. 공간이 주어진다면, 녹색의 풍지초를 바탕 식재 식물로 대량으로 심어 풍지초 잎이 넘실거리는 경관을 즐기고 싶다. 사진은 늦가을 씨송이가 맺히고 잎색이 바랜 모습인데, 겨울까지 아름다운 선을 유지하며 남아 있다.

오시멘시사초 '에버크림'
Carex oshimensis 'Evercream'

양지/반양지 | 30~60센티미터 | 정원 전체 | 2023.11.28. | 숙근초

11월 말 한겨울이 오기 전 숙근초 대부분이 씨송이만 매달고 있을 때 가장 예쁜 모습을 뽐내는 사초다. 성장이 빠르고 강건하기 때문에 몸집이 불어난 개체의 뿌리 나누기를 해서 리듬감 있게 배치해 준다. 녹색 잎 가장자리가 노란색을 띠는 오시멘시사초의 잎이 햇살을 받아 반짝이면 스산한 초겨울 정원에서 다가올 봄을 향한 기대감을 품게 된다. 한겨울을 지나 상한 잎을 바짝 잘라 주면, 이른 봄 꽃대가 세차게 올라오는데 잎만큼 예쁘지는 않다.

다알리아 '오렌지 터모일' *Dahlia* 'Orange Turmoil'과 다알리아 '비치 범 Beach Bum'.

다알리아 관리법

① **구근 캐기** | 서리가 오기 전에 구근을 캐낸다. 싹눈만 살아 있으면 캐다가 괴경의 끝이 좀 부러져도 괜찮다.

② **구근 보관** | 얼지 않고 썩지 않는 것이 중요하다. 비닐봉지에 싸서 묶은 후에 상자에 보관한다. 상토에 보관하기도 하지만 비닐봉지에 보관하는 것이 편하다. 얼지 않는 곳에 두는 것을 잊지 말자.

③ **구근 심기** | 서리가 완전히 사라진 5월 초순에 식재한다. 장마철에 괴경이 녹아내리기 쉽기 때문에, 배수가 잘되는 곳에 심어야 한다.

④ 데드헤딩을 잘 해 주면 6월부터 늦가을까지 꾸준히 꽃을 피운다. 지지대를 잘 대 주는 것이 중요하다.

다알리아 구근을 심는 모습.

2월, 봄을 기다리는 온실의 모종들.

8월에 밭아시켜 두었던 델피니움 모종과 쥐손이풀 *Geranium sibiricum*의 모종. 10월 쯤 노지에 식재한다(2020.10.14.). 루피너스와 오리엔탈양귀비의 모종은 온실에서 겨울을 난다.

가을에 파종한 올라야 새싹이 올라오고 있다. 이렇게 겨울을 나면 이듬해 봄에 꽃이 핀다(2020.10.29.).

루 *Ruta graveolens* 의 잎을 맛있게 먹고 있는 귀여운 호랑나비 *Papilio xuthus* 애벌레(2021.10.10.).

꽃을 피운 오시멘시사초 '에버크림' *Carex oshimensis* 'Evercream' 뒤로 엄마가 만든 도자기 물고기가 하늘을 향해 큰 입을 벌리고 있다(2022.04.06.).

숲새울정원에서 꼭 필요한 이 지지대는 '이로가든스쿨' 네이버 스마트스토어에서 구입할 수 있다. 도자기로 대롱을 만들어 정원에 설치하면, 이렇게 지지대를 꽂아 두기만 해도 작품이 된다(2023.06.25.).

따로 소담스럽게 꽃이 피어난 모습을 보고 싶다며 엄마가 큰꿩의비름을 깨진 옹기에 식재했다(2023.06.28.).

보라색 꽃을 피운 투구꽃 *Aconitum jaluense*(2020.10.02.).

숲새울정원의 가을 전경(2020.10.29.).

돌단풍 *Mukdenia rossii* 잎의 단풍(2022.10.31.).

옥잠화 *Hosta plantaginea* 잎의 단풍(2021.11.01.).

여름이 너무 덥지 않다면, 4월부터 꽃을 피우는 유포르비아 폴리크로마 *Euphorbia polychroma* 잎에 고운 단풍이 든다(2022.10.31.).

우산나물 *Syneilesis palmata* 잎의 단풍(2022.10.31.).

궁궁이 *Angelica polymorpha*의 씨송이와 단풍이 든 잎이 가을 햇살을 받아 금빛이 되었다(2022.10.31.).

밤나무 *Castanea crenata*와 느티나무 *Zelkova serrata*가 가득한 숲새울정원의 가을(2021.11.01.).

숲새울정원에 자생하는 다양한 나무의 단풍잎(2022.10.31.).
복자기 *Acer triflorum*, 단풍나무 *Acer palmatum*, 당단풍나무 *Acer pseudosieboldianum*, 밤나무 *Castanea crenata*, 생강나무 *Lindera obtusiloba*.

비가 내려 촉촉한 날 가을부터 나오기 시작한 바위취 Saxifraga stolonifera의 새잎이 빨갛게 물든 단풍잎과 대조를 이룬다(2021.11.01.).

겹감국(품종 미상)이라며 아는 사람에게 선물을 받아 심었는데 정확한 이름을 동정하기 어렵다. 풍성한 잎의 노란 국화가 가을의 정취를 더한다(2022.11.09.).

공작단풍 *Acer palmatum*(품종 미상)과 엄마가 만든 숲새울정원 간판.

서리를 맞은 이삭꼬리풀 *Veronica spicata*의 잎(2020.11.26.)

진한 갈색으로 변한 아스틸베 *Astilbe*의 씨송이.

부추 *Allium tuberosum*의 씨송이.

도르트문트 장미 *Rosa* 'Dortmund'의 씨송이.

참억새 *Miscanthus sinensis*와 남천 *Nandina domestica*에 눈이 내려앉았다(2020.12.13.).

클레마티스 *Clematis*의 씨방(2020.12.13.).

숲새울정원의 식물 구입처

온라인

나비정원 | https://m.cafe.daum.net/skqlwjddnjs
들꽃마을 | https://m.cafe.daum.net/flowershoping
복남이네 야생화 | https://smartstore.naver.com/goboknaaammm
심폴 | https://www.simpol.co.kr
에버그린농업법인(주)&에버그린 | https://m.cafe.daum.net/evergreenseedling
여주자연농원 | https://blog.naver.com/rkwkrhrhrh
오월들꽃 | https://owolperennials.com/
친애하는 정원씨(다알리아 전문) | https://blog.naver.com/studio511_1
햇살이네정원 | https://cafe.daum.net/hsj2014

오프라인

천지식물원(도매만 가능) | 경기 화성시 비봉면 비봉로 289-11
님프가든 | 경기 하남시 미사대로 800
데코가드닝 | 전 백두대간야생화, 경기 용인시 처인구 남사읍 천덕산로 244
라포레 | 경기 양평군 양서면 북한강로89번길 12

한눈에 보는 숲새울정원의 1년 정원 관리

2월	실내 파종	(추위에 강한 한해살이풀) 로단세, 모나르다 키트리오도라(레몬 베르가못), 디디스커스 마에쿨레우스, 솔체꽃, 골든볼 등
	실내 파종	(서리를 피해야 하는 한해살이풀 – 4월 초 식재) 백일홍, 해바라기, 맨드라미, 이포메아 로바타(폭죽덩굴) 멜리니스 '사바나'(루비그라스) – 월동 불가 숙근초
3월	2월 말 3월 초 시비(오게비트, 네덜란드산)	
	장미와 클레마티스 충분한 양의 개별 시비	
	델피니움(2차), 루피너스, 캄파눌라 모종(온실에서 키운)을 노지에 심으면 5월 초에 풍성하게 꽃을 피움	
	버터플라이 라눈쿨루스(유통명) 겨우내 온실에서 키워 노지 식재	
	잡초 관리	
	묵은 가지 정리	
4월	초부터 서리를 주의하면서 남은 모종 심기	
	밀식 모종 정리	
	포기나누기	
	자연발아한 새싹 옮기기	
	칸나 식재	
	잡초 관리	
5월	시든 꽃 따 주기	
	다알리아 5월 초 심기(서리에 약함)	
	잡초 관리	

6월	장마 전 채종(장마에 녹을 수 있음)
	알리움 구근 장마 전 캐기(꽃이 피고 잎 색이 바랠 때)
	장마철 삽목
	잡초 관리/장마 관리
7월	펜스테몬, 꼬리풀 등 묵은 여러해살이풀 분주(습할 때)
8월	델피니움 파종(온도 15~18도가 유지되는 장소에서 발아시킴)
	아스트란티아 분주(습할 때)
9월	채종
10월	채종
	올라야, 니겔라, 둥근잎시호 등 두해살이풀 노지 파종
	델피니움 모종 식재(1차)
12월	추식 구근 심기(튤립, 알리움)
	다알리아 캐기(서리 내리기 전)
	칸나, 버터플라이 라눈쿨루스(유통명) 구근 캐기

살충/살균		
1차	4월 장미 중심으로	흰가루병 약(살균) + 진딧물/선녀벌레(살충)
2차	5월 말 전체적으로	
3차	장마 이후	
4차	9월 전체적으로	

감사의 말

———

오랜 시간 정원을 가꾸어 온 엄마를
아낌없이 지원하고 지지해 준 가족이 있어
지금의 숲새울정원이 존재할 수 있었습니다.

전공을 살려 가지치기 등 중요한 정원 관리를 도맡아 해 주시는 아빠.
주말이면 집에 들러 궂은 일, 힘든 일 마다하지 않고 돕는 남동생과 올케.
할머니 생일에 씨와 꽃 그림, 예쁜 시를 선물로 안겨 주는 조카들.
숲새울정원에 상주하며 매일 열심히 숲새울의 정원식물을
인스타그램(@little_soopsaewool)에 올려 주는 여동생 '꼬마 숲새울'.

자연과 식물을 사랑하는 마음이
가족 모두를 하나로 엮어 주고 있습니다.

고맙습니다.

숲새울정원
식물 목록

―

가나다순

ㄱ

가는범꼬리 *Bistorta alopecuroides* 163

가는잎조팝나무 '후지노 핑크' *Spiraea thunbergii* 'Fujino Pink' 79

가침박달 *Exochorda serratifolia* 97

개맨드라미 '플라밍고 페더' *Celosia argentea* 'Flamingo Feather' 233

개미취 '진다이' *Aster tataricus* 'Jindai' 237

게라니움 [로잔] *Geranium* ROZANNE® 121

게라니움 로베르티아눔 *Geranium robertianum* 31

골든볼 *Pycnosorus globosus* 169

공작단풍 (품종 미상) *Acer palmatum* 254

광릉골무꽃 *Scutellaria insignis* 180

괴불나무 *Lonicera maackii* 100

궁궁이 *Angelica polymorpha* 231, 252

금낭화 *Lamprocapnos spectabilis* 77

긴산꼬리풀 (품종 미상) *Pseudolysimachion longifolium* 163

길리아 카피타타 *Gilia capitata* 179

길레니아 트리폴리아타 *Gillenia trifoliata* 136

깃도깨비부채 (품종 미상) *Rodgersia pinnata* 158

까실쑥부쟁이 '에조 무라사키' *Aster ageratoides* 'Ezo Murasaki' 242

까칠하늘바라기 '버닝 하츠' *Heliopsis helianthoides* var. *scabra* 'Burning Hearts' 177

깽깽이풀 *Jeffersonia dubia* 58

꼬랑사초 *Carex mira* 80

꼬리진달래 *Rhododendron micranthum* 187

꽃말발도리 '스트로베리 필즈' (추정) *Deutzit* × *hybrida* 'Strawberry Fields' 137

꽃배초향 '블루 포춘' *Agastache* 'Blue Fortune' 213

꽃사과나무 '퍼플 웨이브' *Malus* 'Purple Wave' 84

꽃산딸나무 '레몬 옐로' *Cornus florida* 'Lemon

Yellow' 86
꽃산딸나무 '체로키 브레이브' *Cornus florida* 'Cherokee Brave' 88
꽃창포(품종 미상) *Iris ensata* 178
끈끈이대나물 *Silene armeria* 157

ㄴ

나무수국 *Hydrangea paniculata* 200
남천 *Nandina domestica* 260
낮달맞이꽃(품종 미상) *Oenothera fruticosa* 172
네페타 라케모사 '워커스 로' *Nepeta racemosa* 'Walker's Low' 129
노란해당화 '카나리 버드' *Rosa xanthina* 'Canary Bird' 94
노루오줌 *Astilbe chinensis* 209
눈개승마 종류 *Aruncus* 96
느릅터리풀 '아우레아' *Filipendula ulmaria* 'Aurea' 143
니포난테뭄 니포니쿰(해변국화, 일본데이지) *Nipponanthemum nipponicum* 238

ㄷ

다알리아 '비치 범' *Dahlia* 'Beach Bum' 243
다알리아 '오렌지 터모일' *Dahlia* 'Orange Turmoil' 243
단풍터리풀 *Filipendula palmata* 168
대나물 *Gypsophila oldhamiana* 212
댑싸리 *Bassia scoparia* 218
도르트문트 장미 *Rosa* 'Dortmund' 138
독일붓꽃(품종 미상) *Iris* × *germanica* 43, 118
돌단풍 *Mukdenia rossii* 20, 59, 60, 250
둥굴레 *Polygonatum odoratum* var. *pluriflorum* 98
둥근잎시호 '그리피티이'(추정) *Bupleurum rotundifolium* 'Griffithii' 156
등대꽃나무 '레드 벨스' *Enkianthus campanulatus* 'Red Bells' 99
디기탈리스 *Digitalis purpurea* 176
디기탈리스 발리니이(품종 미상) *Digitalis* × *valinii* 132
디소칵투스 필란토이데스 '저먼 엠프레스' *Disocactus phyllanthoides* 'German Empress' 33
디에라마 풀케리뭄(품종 미상) *Dierama pulcherrimum* 208

ㄹ

레우코토이 폰타네시아나 *Leucothoe fontanesiana* 116
로드게르시아 *Rodgersia* 43, 158
리아트리스 스피카타(품종 미상) *Liatris spicata* 205

ㅁ

만첩조팝나무 *Spiraea prunifolia* 88
말냉이 *Thlaspi arvense* 142
말바 알세아 파스티기아타(추정) *Malva alcea* var. *fastigiata* 177
매화개구리발톱 *Semiaquilegia ecalcarata* 127
매화말발도리 *Deutzia uniflora* 90
멕시칸세이지 ('벨로어 화이트Velour White'로 추정) *Salvia leucantha* 235
멜리니스 네르비글루미스 '사바나' *Melinis nerviglumis* 'Savannah' 233
모나르다 키트리오도라 *Monarda citriodora* 179
모란(품종 미상) *Paeonia* × *suffruticosa* 117
목련 '지니' *Magnolia* 'Genie' 82
무스카리 아르메니아쿰 *Muscari armeniacum* 86
물망초 *Myosotis scorpioides* 162
미국수국 *Hydrangea arborescence* 196, 197, 198, 199,

200, 222
미선나무 *Abeliophyllum distichum* 78
미치광이풀 *Scopolia parviflora* 63

바위취 *Saxifraga stolonifera* 98
박쥐나무 *Alangium platanifolium* 148
백선 *Dictamnus dasycarpus* 125
백일홍 ('자하라 믹스 Zahara Mix'로 추정) *Zinnia* 228
뱀무 '마이 타이' *Geum* 'Mai Tai' 122
버드쟁이나물 '호르텐시스' *Kalimeris pinnatifida* 'Hortensis' 241
버들잎정향풀(추정) *Amsonia salicifolia* 120
버들잎해바라기(품종 미상) *Helianthus salicifolius* 235
버지니아냉초(품종 미상) *Veronicastrum virginicum* 183
버지니아바람꽃 *Anemone virginiana* 175
벌깨덩굴 *Meehania urticifolia* 100
범부채 *Iris domestica* 212
베로니카 아우스트리아카 *Veronica austriaca* 89
베르바스쿰 블라타리아 알비플로룸(추정) *Verbascum blattaria* f. *albiflorum* 135
베르바스쿰 차익시이 '식스틴 캔들스' *Verbascum chaixii* 'Sixteen Candles' 178
베르바스쿰 카익시이 '웨딩 캔들스' *Verbascum chaixii* 'Wedding Candles' 134
베르바스쿰 포에니케움(추정) *Verbascum phoeniceum* 134
별목련 '돈' *Magnolia stellata* 'Dawn' 72
보리 *Hordeum vulgare* 105
보마레아 멀티플로라 *Bomarea multiflora* 33
복사나무(품종 미상, 'Pink Pendula'로 추정) *Prunus persica* 종류 81
부산꼬리풀 *Pseudolysimachion pusanensis* 214
부처꽃 *Lythrum salicaria* subsp. *anceps* 193
부추 *Allium tuberosum* 218
북금매화(품종 미상) *Trollius chinensis* 139
분꽃나무 *Viburnum carlesii* 91
분홍바늘꽃 *Chamerion angustifolium* 165
붉은꽃칠엽수(품종 미상) *Aesculus* × *carnea* 119
붉은병꽃나무 *Weigela florida* 104
붉은장구채 *Silene dioica* 133
붉은칠엽수 *Aesculus pavia* 95
붓꽃 *Iris sanguinea* 122
비스토르타 아피니스 '수페르바' *Bistorta affinis* 'Superba' 181
뿌리속단(품종 미상) *Phlomis tuberosa* 164

사하라 장미 *Rosa* 'Sahara' 148
산괭이눈 *Chrysosplenium japonicum* 75
산국 *Chrysanthemum boreale* 238
산당근 *Daucus carota* 223
산비장이 *Serratula coronata* subsp. *insularis* 215
산비탈리아 프로쿰벤스(품종 미상) *Sanvitalia procumbens* 46, 186
산수국 *Hydrangea serrata* 196, 199
산옥매 '알바 플레나' *Prunus glandulosa* 'Alba Plena' 91
산조팝나무 *Spiraea blumei* 118
살비아 네모로사 '카라도나' *Salvia nemorosa* 'Caradonna' 167
살비아 프라텐시스(품종 미상) *Salvia pratensis* 123
삼지구엽초 *Epimedium koreanum* 96
샤스타데이지 *Leucanthemum* × *superbum* 132

샤스타데이지 '크레이지 데이지'
　　Leucanthemum × *superbum* 'Crazy Daisy' 188
서부해당 *Malus halliana* 85
서양산사나무 '폴스 스칼렛' *Crataegus laevigata*
　　'Paul's Scarlet' 106
석산 *Lycoris radiata* 233
석잠풀 *Stachys riederi* var. *japonica* 168
선옹초(품종 미상) *Agrostemma githago* 167
설구화(품종 미상) *Viburnum plicatum* 101
섬초롱꽃 *Campanula takesimana* 173
세복수초 *Adonis multiflora* 65
셀리늄 왈리키아눔 *Selinum wallichianum* 42
소래풀 *Orychophragmus violaceus* 87
솔나물 *Galium verum* subsp. *asiaticum* 208
솔잎금계국 '루트 66' *Coreopsis verticillata* 'Route
　　66' 175
솔체꽃 *Scabiosa comosa* 230
수국 *Hydrangea macrophylla* 199
수국 '키리시마 노 메구미' *Hydrangea* 'Kirishima No
　　Megumi' 198
수레국화 *Centaurea cyanus* 167
수선화 종류(품종 미상) *Narcissus* 74
수선화 '테이트어테이트' *Narcissus* 'Tete-A-Tete' 73
수잔루드베키아 '모레노' *Rudbeckia hirta* 'Moreno'
　　210
수잔루드베키아(품종 미상) *Rudbeckia hirta* 210
수호초 *Pachysandra terminalis* 58
스타키스 오피키날리스 '후멜로' *Stachys officinalis*
　　'Hummelo' 184
시베리아붓꽃 '슈가 러시' *Iris sibirica* 'Sugar Rush'
　　131
시베리아붓꽃 '콩코드 크러시' *Iris sibirica* 'Concord
　　Crush' 130
시베리아붓꽃(품종 미상) *Iris sibirica* 130
실라 시베리카 *Scilla siberica* 64

◯

아그배나무 *Malus toringo* 106
아데노포라 '아메시스트' *Adenophora* 'Amethyst' 165
아로니아 아르부티폴리아 *Aronia arbutifolia* 94
아스테르 에리코이데스(품종 미상) *Aster ericoides* 241
아스트란티아 마요르 '로마' *Astrantia major* 'Roma'
　　141
아스틸베 '다이아몬드'(추정) *Astilbe* 'Diamond' 154
아스페룰라 오리엔탈리스 *Asperula orientalis* 160
아크멜라(품종 미상) *Acmella oleracea* 239
아팔래치안승마 *Actaea cordifolia* 186
알리움 종류 *Allium* 141
알리움 아메티스티눔 '레드 모히칸' *Allium*
　　amethystinum 'Red Mohican' 188
알리움 아트로푸르푸레움 *Allium atropurpureum* 141
암플렉시카울리스 여뀌 '알바' *Bistorta amplexicaulis*
　　'Alba' 240
암플렉시카울리스 여뀌 '팻 도미노' *Bistorta*
　　amplexicaulis 'Fat Domino' 240
앙쿠사 아주레아 *Anchusa azurea* 135
애기루드베키아 *Rudbeckia triloba* 185
애기말발도리(품종 미상) *Deutzia gracilis* 116
앵초 *Primula sieboldii* 92
야시오네 라이비스 '블라우리히트' *Jasione laevis*
　　'Blaulicht' 155
어수리 *Heracleum moellendorffii* 193
얼레지 *Erythronium japonicum* 59
얼레지 '파고다' *Erythronium* 'Pagoda' 102
에링기움 자벨리이 '빅 블루' *Eryngium* × *zabelii* 'Big
　　Blue' 173

에링기움 플라눔 (추정) *Eryngium planum* 207
에밀리아 자바니카 '아이리시 포잇' *Emilia javanica* 'Irish Poet' 215
에키나세아 *Echinacea* 46
영산홍 (품종 미상) *Rhododendron indicum* 82
오리엔탈양귀비 *Papaver orientale* 123
오시멘시스초 '에버크림' *Carex oshimensis* 'Evercream' 243
옥잠화 *Hosta plantaginea* 250
올라야 그란디플로라 *Orlaya grandiflora* 124
왜승마 (품종 미상) *Actaea japonica* 230
우산나물 *Syneilesis palmata* 252
움벨라툼오니소갈룸 *Ornithogalum umbellatum* 103
위실나무 *Kolkwitzia amabilis* 126
유채 *Brassica napus* 116
유포르비아 폴리크로마 *Euphorbia polychroma* 85, 251
윤판나물 *Disporum uniflorum* 102
은방울수선 (품종 미상) *Leucojum aestivum* 107
은잔고광나무 '벨 에투아르' *Philadelphus argyrocalyx* 'Belle Etoile' 172
이삭꼬리풀 *Veronica spicata* 256
이탈리아목형 *Vitex agnus-castus* 211
이포메아 로바타 *Ipomoea lobata* 231
인디언앵초 *Dodecatheon meadia* 95
일본나도승마 *Kirengeshoma palmata* 209
일본삼색병꽃나무 *Weigela coraeensis* 143
일본조팝나무 '골드 마운드' *Spiraea japonica* 'Gold Mound' 89

ㅈ

자주괴불주머니 *Corydalis incisa* 73
자주회향 *Foeniculum vulgare* 'Purpureum' 204
작약 '볼 오브 뷰티' *Paeonia lactiflora* 'Bowl of Beauty' 133
장각매발톱꽃 *Aquilegia longissima* 162
장구채산마늘 *Allium sphaerocephalon* 210
장미 종류 (품종 미상) *Rosa* 155
장미 '크리스토퍼 말로위' *Rosa* 'Christopher Marlowe' 136
접시꽃 '애플 블러섬' *Alcea rosea* 'Apple Blossom' 207
정향풀 *Amsonia elliptica* 120
제라늄 종류 (페라르고니움) *Pelargonium* 33
제비고깔 *Delphinium grandiflorum* 261
좀새풀 '골트 타우' *Deschampsia cespitosa* 'Goldtau' 213, 222
중의무릇 *Gagea nakaiana* 61
진달래 *Rhododendron mucronulatum* 63
진황정 *Polygonatum falcatum* 103
쪽 *Persicaria tinctoria* 229

ㅊ

참억새 *Miscanthus sinensis* 261
천일홍 (품종 미상) *Gomphrena globosa* 237
철쭉 *Rhododendron schlippenbachii* 92

ㅋ

카나리새풀 *Phalaris canariensis* 156
칸나 게네랄리스 '망고' *Canna* × *generalis* 'Mango' 217
칼리칸투스 '아프로디테' *Calycanthus* 'Aphrodite' 142
캄차카톱풀 '러브 퍼레이드' *Achillea alpina* subsp. *Camschatica* 'Love Parade' 180
캄파눌라 글로메라타 '캐럴라인' *Campanula*

glomerata 'Caroline' 164
캄파눌라 로툰디폴리아 *Campanula rotundifolia* 147
캄파눌라 장게주라 *Campanula zangezura* 187
케린테 마요르 '푸르푸라스켄스' *Cerinthe major* 'Purpurascens' 121
코노클리니움 코일레스티눔 *Conoclinium coelestinum* 242
콜레우스 스쿠텔라리오이데스 *Coleus scutellarioides* 217
크산토케라스 소르비폴리움 *Xanthoceras sorbifolium* 99
큰꽃으아리 *Clematis patens* 101
큰제비고깔 *Delphinium maackianum* 214
클레마티스 '넬리 모저' *Clematis* 'Nelly Moser' 127
클레마티스 '더 프레지던트' *Clematis* 'The President' 138
클레마티스 '미시즈 콜몬들리' *Clematis* 'Mrs. Cholmondeley' 145
클레마티스 '샐리' *Clematis* 'Sally' 171
클레마티스 '집시 퀸' *Clematis* 'Gipsy Queen' 171
클레마티스 디베르시폴리아 '블루 피루에트' *Clematis* × *diversifolia* 'Blue Pirouette' 139
클레마티스 몬타나 *Clematis montana* 171
클레마티스(품종 미상) *Clematis* 171
키오노독사 루킬리아이 '알바' *Chionodoxa luciliae* 'Alba' 64
키오노독사 사르덴시스 *Chionodoxa sardensis* 65

Ⓣ

터리풀 *Filipendula glaberrima* 148
털여뀌 *Persicaria orientalis* 217
테르뮵시스 빌로사 *Thermopsis villosa* 147
투구꽃 *Aconitum jaluense* 249

툴리파 실베스트리스 *Tulipa sylvestris* 69
툴리파 클루시아나 '레이디 제인' *Tulipa clusiana* 'Lady Jane' 69
툴리파 프레스탄스 '쇼군' *Tulipa praestans* 'Shogun' 69
튤립 '그린 웨이브' *Tulipa* 'Green Wave' 117
튤립 '빅 치프' *Tulipa* 'Big Chief' 68
트라켈리움 세룰레움(품종 미상) *Trachelium caeruleum* 211
트라키메네 코이룰레아 *Trachymene coerulea* 205

Ⓟ

파인애플세이지 *Salvia elegans* 235
팔리다에키나시아 '훌라 댄서' *Echinacea pallida* 'Hula Dancer' 183
페튜니아 *Petunia* 44
펜스테몬 디기탈리스 '허스커 레드' *Penstemon digitalis* 'Husker Red' 160
펜스테몬 히르수투스 *Penstemon hirsutus* 137
포도필룸 플레이안툼 *Podophyllum pleianthum* 48
포테르길라 가르데니(품종 미상) *Fothergilla gardenii* 77
풀협죽도 '페퍼민트 트위스트' *Phlox paniculata* 'Peppermint Twist' 184
풍지초 '아우레올라' *Hakonechloa macra* 'Aureola' 243
프레이저홍가시나무 '레드 로빈' *Photinia* × *fraseri* 'Red Robin' 60, 90
프리물라 종류 *Primula* 93
프리물라 카피타타 *Primula capitata* 169
프리틸라리아 페르시아 *Fritillaria persica* 76
프리틸라리아 페르시아 '알바' *Fritillaria persica* 'Alba' 76

피겔리우스 카펜시스(품종 미상) *Phygelius capensis* 176

피크난테뭄 무티쿰 *Pycnanthemum muticum* 191

피크난테뭄 베르티실라툼 *Pycnanthemum verticillatum* 206

(ㅎ)

하늘바라기 '아사히' *Heliopsis helianthoides* 'Asahi' 206

헝가리방패꽃 '로열 블루'(추정) *Veronica teucrium* 'Royal Blue' 131

헤스페리스 마트로날리스 *Hesperis matronalis* 45, 128

헤스페리스 마트로날리스 '화이트' *Hesperis matronalis* 'White' 128

헬레니움 '무어하임 뷰티' *Helenium* 'Moerheim Beauty' 228

현호색 *Corydalis remota* 74

호장근 *Reynoutria japonica* 44

홀아비꽃대 *Chloranthus quadrifolius* 93

황화일본나리 *Lilium speciosum* 223

후지벚나무(운용벚나무, 품종 미상) *Prunus incisa* 종류 72

휴케라(품종 미상) *Heuchera* 199

휴케렐라(품종 미상) *Heucherella* 199

흰하늘매발톱꽃 *Aquilegia flabellata* f. *alba* 84

히말라야푸른양귀비 *Meconopsis betonicifolia* 145

히어리 *Corylopsis coreana* 62

숲새울의 정원식물 243

글·사진 최가영 신재열

1판 1쇄 펴낸날 2024년 9월 30일

펴낸이 전은정
펴낸곳 목수책방

출판신고 제25100-2013-000021호
대표전화 070.8151.4255
팩시밀리 0303.3440.7277

이메일 moonlittree@naver.com
블로그 post.naver.com/moonlittree
페이스북 @moksubooks
인스타그램 @moksubooks
스마트스토어 smartstore.naver.com/moksubooks

디자인 스튜디오 폼투필(김서영)
제작 야진북스

Copyright ⓒ2024
최가영·신재열과 목수책방의 독점 계약에 의해
출간되었으므로 이 책에 실린 내용의 무단 전재와
무단 복제, 광전자 매체 수록을 금합니다.

ISBN 979.11.88806.57.7 (03520)
25,000원